esotera

Taschenbuch
im Verlag Hermann Bauer

W0012208

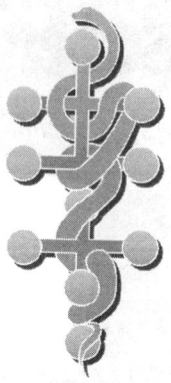

Die Schlange Nechusthan – Symbol der Weisheit und der Einweihung – kreuzt mit ihren Windungen nacheinander sämtliche Pfade und stellt somit den Weg der Initiation dar.

Charles Fielding war zwölf Jahre lang Mitglied der von Dion Fortune gegründeten »Society of Inner Light« und beschäftigt sich mittlerweile seit über dreißig Jahren intensiv mit der kabbalistischen Symbolik. Er ist Universitätsprofessor und lehrt Philosophie und Computer-Wissenschaften.

Charles Fielding

Die praktische
Kabbala

Verlag Hermann Bauer
Freiburg im Breisgau

Die Deutsche Bibliothek – CIP-Einheitsaufnahme

Fielding, Charles:
Die praktische Kabbala / Charles Fielding.
[Dt. von Helga Schenk]. – 2. Auflage –
Freiburg im Breisgau : Bauer, 1996
  (esotera-Taschenbuch)
  Einheitssacht.: The practical Qabalah ⟨dt.⟩
  ISBN 3-7626-0665-X

Die amerikanische Originalausgabe erschien 1989 bei
Samuel Weiser, Inc., New York, unter dem Titel
The Practical Qabalah
© 1989 by Charles Fielding

Deutsch von Helga Schenk

Die Reihe *esotera-Taschenbuch* erscheint im
Verlag Hermann Bauer KG, Freiburg im Breisgau

Mit 9 Abbildungen

2. Auflage 1996
© für die deutsche Ausgabe 1994 by
Verlag Hermann Bauer KG, Freiburg im Breisgau
Alle Rechte der deutschen Ausgabe vorbehalten
Umschlag: Seliger & Krafft, Freiburg im Breisgau
Satz: Fotosetzerei G. Scheydecker, Freiburg im Breisgau
Druck und Bindung: Clausen & Bosse, Leck
Printed in Germany

ISBN 3-7626-0665-X

Gedruckt auf chlorfrei gebleichtem Papier

Inhalt

Vorwort 7

1. Grundlagen des westlichen Okkultismus 11
2. Einführung in die Kabbala 18
3. Der Lebensbaum und seine Kräfte 47
4. Glyphen und Tempel der Sephiroth 59
5. Die kabbalistischen Pfade und die Pfadarbeit 71
6. Kosmogonie 82
7. Esoterische Anatomie 94
8. Esoterische Physiologie 108
9. Psychologie 119
10. Karma und Schicksal 143
11. Anatomie des Rituals 165
12. Die wichtigsten rituellen Übungen 185
Nachwort: Weshalb, wozu und wohin? 201

Danksagung

Das Material dieses Buches beruht zum Teil auf den Werken von Dion Fortune und der von ihr gegründeten *Society of the Inner Light*. Ich möchte mich an dieser Stelle für die Hilfe und Inspiration bedanken, die mir aus diesen Quellen zuteil wurde.

Vorwort

Als ich vor ziemlich langer Zeit anfing, mich für das Okkulte zu interessieren, war mein erster Impuls, so viele Bücher wie möglich zu lesen. Das erwies sich auch als nicht besonders schwierig, denn es gab eine Fülle von Büchern, und ich verschlang gierig eines nach dem anderen, bis sie mir wieder zu den Ohren herauskamen. Mein ganzes Denken drehte sich nur noch um Okkultismus, ich träumte von Okkultismus und wurde wahrscheinlich zu einem Musterbeispiel für einen engstirnigen Fanatiker.

Nach einiger Zeit und einigen Enttäuschungen brachte mich mein gesunder Menschenverstand wieder auf den Boden zurück. Ich war jedoch immer noch begeistert und aufgeregt. Ich hatte immer noch das Gefühl, wie die Ritter in alten Zeiten auf der Suche zu sein. Doch die Weisheit wurde mir, wie auch den alles andere als vollkommenen Rittern der Tafelrunde König Arthurs, nur langsam und nach mühevollen Anstrengungen zuteil, und auch dann war es nicht viel, aber doch wenigstens ein Anfang.

Bei meinen okkulten Studien entdeckte ich, daß es nur wenige brauchbare Bücher gab; die meisten konnte man gleich ins Feuer werfen. Es gab jedoch einige hervorragende Ausnahmen. Bemerkenswert waren vor allem die Bücher von Dion Fortune *Die mystische Kabbala*[1], *The Training and Work of an Initiate, Sane Occultism, The Esoteric Orders and Their Work* und ihr abstraktes und metaphysisches Werk *The Cosmic Doctrine*[2]. Ich war noch relativ jung und ziemlich un-

[1] Deutsche Ausgabe: Verlag Hermann Bauer, Freiburg 1993.
[2] Die englischen Originalfassungen der Bücher von Dion Fortune sind immer noch bei den Verlagen Aquarian Press, Wellingborough, England und Samual Weiser, York Beach, Maine, erhältlich.

wissend, aber hier hatte ich den Eindruck, daß es sich um eine Autorin handelte, die über etwas sprach, das sie wirklich aus erster Hand erfahren hatte und nicht nur vom Hörensagen kannte. Ihre Schriften wurden für mich zu einer wertvollen Informationsquelle.

Es gab aber auch noch andere Bücher. Bücher, über die man nur mit angehaltenem Atem sprach, nicht nur weil sie schon lange vergriffen waren und deshalb zu überhöhten Preisen gehandelt wurden, sondern weil man auch überzeugt davon war, daß in ihnen die »okkulten Geheimnisse« enthalten seien. Zu diesen ehrfurchtgebietenden Werken zählten zum Beispiel die vier Bände des *Golden Dawn*[3] und die Schriften von Aleister Crowley. Seine Werke bekamen noch einen zusätzlichen Reiz durch den schlechten Ruf Crowleys, denn seinen eigenen Äußerungen zufolge war er der *verruchteste Mann der Welt*. Ich lechzte nach diesen verbotenen Früchten.

Im Laufe der Zeit wurden mehr und mehr von diesen besonderen Büchern neu aufgelegt und allgemein erhältlich. Und bald wurde klar, daß sich in der Fülle des Materials zwar viel Interessantes und Brauchbares verbarg – aber keine *Geheimnisse*.

In Wahrheit werden die großen Geheimnisse des Okkultismus durch Erfahrung erworben und nicht durch Lesen. Ein *Mysterium* ist definiert als *eine Wahrheit, die über den Verstand hinausgeht*, deshalb kann es wohl kaum in einem Buch festgehalten werden. Um den Heiligen Gral zu finden, müssen wir uns auf die Reise begeben; dazu können wir jedoch nicht auf dem Sessel reiten!

Dion Fortunes Bücher sind so ansprechend, weil sie einen praktischen Ansatz hat. Beim Lesen können wir an einer Erfahrung teilhaben und nicht nur neue Kenntnisse dazugewinnen. Ungeachtet ihres großen Wertes sind ihre Werke inzwischen jedoch mehr als ein halbes Jahrhundert alt und die Schriften des Golden Dawn sogar fast ein ganzes.

---

[3] *The Golden Dawn* (Chicago: Aries 1936–40).
Regardie, Israel: *Das magische System des Golden Dawn*. Freiburg: Verlag Hermann Bauer 1987.

Die Zeiten haben sich geändert und damit auch die Einstellungen. Vieles, das früher noch als *okkult* galt, ist heute allgemein bekannt, und über Informationen, die in der Vergangenheit der Loge vorbehalten waren, kann heute offen gesprochen werden.

Der Zweck dieses Buches besteht darin, der Öffentlichkeit so viel esoterische Tradition des Westens zugänglich zu machen, wie in der heutigen Welt gut umgesetzt werden kann und dadurch einen Weg zu weisen, auf dem jeder sich zu seiner eigenen Suche nach dem Gral aufmachen kann. Die Kabbala ist einer dieser Wege und stellt ein äußerst praktisches System für den westlichen Menschen der heutigen Zeit dar.

Manche Menschen sind von Natur aus *Einzelgänger*, während andere lieber in organisierten Gruppen arbeiten. Ich hoffe, daß dieses Buch für beide gleichermaßen nützlich ist. Es wird behauptet, Bücher würden das Unbewußte ansprechen und die Gedanken des Lesenden zur selben Quelle emportragen, die sie inspiriert hat. Meine Hoffnung ist, daß dieses Buch auch diese Voraussetzungen erfüllt.

Möge Ihre Suche ein ebenso aufregendes Abenteuer sein wie meine.

Erstes Kapitel

Grundlagen des westlichen Okkultismus

Dieses Buch befaßt sich mit Okkultismus. Es wurde geschrieben für durchschnittlich intelligente Menschen, die interessiert genug sind, mehr darüber herauszufinden. Das Wort *okkult* bedeutet *verborgen, geheim* – nichts anderes; doch das Thema wurde vielfach mißverstanden und durch alle möglichen Sensationsfilme, Aberglauben und die Regenbogenpresse so verzerrt, daß es oft als theatralischer Quatsch abgetan wird. Seit den Anfängen der Geschichte haben sich Frauen und Männer aller Völker und Rassen mit diesem Thema eingehend beschäftigt, und es wird behauptet, viele der bedeutendsten Menschen der Welt hätten sich den Okkultismus zur Lebensaufgabe gemacht und verdankten ihre Größe vor allem dem Praktizieren dieser Lehre.

Die eingehende Beschäftigung mit der Kabbala und ihrem wichtigen Symbol, dem Baum des Lebens, ist wahrscheinlich eine der besten Methoden, sich mit der okkulten Theorie und Praxis vertraut zu machen. Um den kabbalistischen Theorien und Methoden gerecht zu werden, müssen sie vor einem realistischen Hintergrund gesehen werden. Was denken moderne Kabbalisten? Weshalb widmen sie einem Thema Zeit und Aufmerksamkeit, das bereits bei Jesu Geburt ein alter Hut war? Was wollen sie damit erreichen?

Das sind alles ganz vernünftige Fragen. Deshalb wollen wir, bevor wir näher auf die Kabbala eingehen, erst einmal die Grundgedanken des modernen Okkultismus in der westlichen Welt genauer unter die Lupe nehmen. Nicht jeder Okkultist mag mit den hier dargelegten Ideen einverstanden sein. Wie in der modernen Wissenschaft gibt es auch hier unterschiedliche Auslegungen und Sichtweisen von Detailfragen. Im folgenden wollen wir einen einigermaßen vernünftigen Überblick über das okkulte Denken in der heutigen Zeit geben.

Es war einmal, wie es in den Märchenbüchern so schön heißt, eine Disziplin namens Philosophie, was so viel bedeutet wie *Liebe zur Weisheit*, mit der alles Wissen der Menschheit und der Welt, in der wir leben, erforscht wurde. Physik und Psychologie waren eng verflochten mit der Chemie, Metaphysik und Ethik, denn man ging davon aus, daß alle diese Themen Teilbereiche eines großen Systems seien.

Mit der Zeit entfernten sich bestimmte Disziplinen – besonders die Physik und die Chemie – von ihrem philosophischen Ursprung und entwickelten die arrogante Unabhängigkeit eines Heranwachsenden. Sogar die Psychologie sagte sich los von ihren Ursprüngen und erklärte sich ihrerseits als selbständig.

Aus diesem Wachstum heraus wurden die westliche Zivilisation der Technik geboren und viele unserer sozialen Verhaltensformen und Moralvorstellungen geprägt. Trotz all ihrer Schwachpunkte leistet die westliche Wissenschaft einen beachtlichen Beitrag zur menschlichen Kreativität. Allerdings werden wir uns langsam bewußt, daß unsere Zivilisation ein äußerst unausgewogenes System ist und daß zentrale Begriffe wie Sinn und Einheit mit ins Spiel gebracht werden müssen, wenn sich unsere Gesellschaft nicht selbst zerstören soll.

Den großen östlichen Kulturen erging es nicht besser. Der Westen hat sich eine technologisch hochentwickelte Welt geschaffen, die jedoch arm an Gefühlen und geistigen Werten ist, während das große philosophische und geistig-spirituelle Wachstum des Ostens heute in einem Umfeld von Armut, Unwissenheit und Verwahrlosung dahinsiecht. Irgendwo muß da etwas falsch gelaufen sein.

Doch in der Dunkelheit tauchen langsam Hoffnungsschimmer auf. Es gibt Anzeichen dafür, daß die moderne Wissenschaft allmählich erwachsen wird. Die Sicht des Universums von Einstein oder den Teilchenphysikern ist schon meilenweit entfernt von den geistlosen Mechanismen der viktorianischen Wissenschaft. Die Physik wird immer mehr zu einer Wissenschaft des Lebens, und die starre Trennung zwischen Geist und Materie gerät langsam aber sicher ins Wanken. Doch was hat all dies mit Okkultismus zu tun?

Okkultismus im eigentlichen Sinne ist das Studium von Geist und Materie, von Gott und den Menschen, den Ursprüngen und dem Schicksal. Er ist die wahre Wissenschaft des Lebens.

Was sind nun die Grundlagen des okkulten Glaubens? Zuerst einmal muß klargestellt werden, daß der Okkultismus kein Glaubensbekenntnis besitzt: es gibt kein *Ich glaube an ...* Statt dessen gibt es wie in der Wissenschaft eine Reihe von Hypothesen. Eine Hypothese ist eine Idee, die zu funktionieren scheint, wenn sie in die Praxis umgesetzt wird, allerdings kann sie sich im Lichte neuer Erfahrungen auch ändern. Nachdem wir also geklärt haben, daß es keine okkulten Dogmen gibt, wollen wir uns diese grundlegenden Ideen einmal näher anschauen und sehen, wie sie uns ansprechen.

Zum einen sind die Okkultisten davon überzeugt, daß es außerhalb unserer Wahrnehmung und Erfahrung der materiellen Welt eine unsichtbare Wirklichkeit gibt, die die verborgene Ursache aller Erscheinungen in unserer Umwelt ist. Das scheint ziemlich einleuchtend, wenn man bedenkt, daß die Wissenschaft mehr oder weniger dasselbe behauptet. Auch die Schwerkraft ist in gewissem Sinne eine *unsichtbare Wirklichkeit*. Man kann sie nicht sehen, aber sie wirkt. Der einzige Unterschied zwischen Wissenschaftlern und Okkultisten besteht darin, daß die Okkultisten die Hypothese über die materielle Welt hinaus ausdehnen.

Die nächste Hypothese befaßt sich mit der Zweckfrage: »Welchen Sinn hat das Ganze?« Es gab einmal eine Zeit, da betrachteten viele Wissenschaftler das Universum als einen kosmischen Unfall und das Leben als einen biochemischen Zufallstreffer. In letzter Zeit scheinen einige ihre Ansicht zu ändern.

Okkultisten gehen davon aus, daß nichts ohne Sinn und Zweck geschieht. Sie folgern daraus, daß es einen höchsten Plan für die Schöpfung und Evolution des Universums geben muß, der Galaxien und Sonnensysteme, Sonnen und Planeten, Atome, Pflanzen, Tiere *und* die Menschen umfaßt. Innerhalb des höchsten Planes gibt es eine Vielzahl anderer Pläne für die gesamte Schöpfung, die alle miteinander zu einem organischen Ganzen verflochten und verwoben sind. Sie behaupten, daß uns – als einer intelligenten Lebensform, die über die Macht der Entscheidung verfügt – eine wesentliche Aufgabe in der kontinuierlichen Verwirklichung des höchsten Planes zukommt.

Welcher gewaltige Mechanismus hinter diesem Plan steckt und ihn ausführt, müssen Sie selbst entscheiden. Sind Sie religiös, dann werden Sie Gott als den Ursprung und die höhere Macht ansehen. Sind Sie Agnostiker, dann ziehen Sie es vielleicht vor, sich ein unermeßliches kosmisches *System* vorzustellen. Im Grunde benutzen wir hier nur Wörter, doch es ist die Idee, die zählt.

Ausgehend von dem Plan entsteht der Gedanke einer universellen Evolution, in der wir uns von einem einfachen und unkoordinierten Zustand zu einem wunderbaren Zustand harmonischer und hochentwickelter Perfektion bewegen. Aus jedem Element des Plans hat sich dabei ein eigener Unterplan bis zur höchsten Vollendung, die seine Struktur erlaubt, entwickelt.

Unserer Urnatur nach sind wir als Nuclei intelligenter Energie anzusehen. Als solche sind wir selbst Schöpfer aus eigenem Antrieb, ewig und unzerstörbar. Eines der Grundprinzipien des okkulten Denkens ist die Vorstellung, daß der Mensch keinen physischen Körper annehmen muß, um zu leben, und daß unsere Verbindung mit der Materie nur eine von vielen Phasen darstellt, die wir während unserer Evolution durchlaufen. Dennoch wird das Wirken durch einen Körper als entscheidender Aspekt unserer Entwicklung betrachtet, denn es lehrt uns den Umgang mit der festen Materie – ein Zustand, der unserem natürlichen Zustand der Freiheit sehr fernliegt.

Hier kommt die Vorstellung von der Reinkarnation mit ins Spiel. Die Reinkarnation geht davon aus, daß wir während unseres Lernprozesses mit der festen Materie in der materiellen Welt viele verschiedene Körper annehmen. Eine kurze Zeitdauer von siebzig oder achtzig Jahren ist keinesfalls ausreichend, um alle Lektionen zu lernen und alle Fehler wieder auszugleichen. Die Vorstellung von der Reinkarnation stellt eine große Befreiung dar. Statt eines Lebens, auf Gedeih oder Verderb, gibt uns die Vorstellung von der Reinkarnation eine Chance, aus unseren Fehlern zu lernen und uns durch ständig neue und aufregende Herausforderungen und die Aussicht auf Erweiterung unseres Erfahrungsschatzes fortzuentwickeln.

Doch erkennt man das Konzept der Reinkarnation als Arbeitshypothese an und geht davon aus, daß das Leben immer weitergeht und uns stets Gelegenheit dazu gegeben wird, neue Dinge zu erforschen, wo ist dann der Stachel des Todes? Die Okkultisten behaupteten schon immer, daß unser erster großer Sieg darin bestehen müsse, diese Angst zu überwinden. Dadurch wird uns die erste große Freiheit beschert.

Die Okkultisten messen der eigenen Verantwortung große Bedeutung bei. Geht man von der Vorstellung einer kontinuierlichen Evolution aus, dann ist es kein reiner Zufall mehr, welcher Rasse man durch seine Geburt angehört und in welche Umstände man hineingeboren wird. Auch die Staatsangehörigkeit, der Gesundheitszustand, die Menge an Geld und die persönlichen Charaktereigenschaften sind dann in jedem neuen Leben das Ergebnis von früheren Erfolgen oder Versäumnissen.

Die Lebensumstände bieten uns in jedem Moment die perfekten Voraussetzungen, um die nächste Lektion in unserer materiellen Erfahrung zu lernen. Und glaubt man wirklich an diese Vorstellung, so folgt daraus, daß wir für die Umstände, in denen wir uns befinden, absolut selbst verantwortlich sind, egal wie hart uns dies auch erscheinen mag.

»Denn was der Mensch sät, das wird er ernten« und andere ähnliche Aussprüche beruhen alle auf dieser Idee. In der Philosophie des Ostens spricht man in diesem Zusammenhang von Karma, dem Gesetz der Ursache und Wirkung. Es gibt keine geraden Linien im Universum. Jeder Gedanke und jede Handlung kehrt irgendwann einmal an seinen/ihren Ausgangspunkt zurück – wie ein Bumerang.

Schließlich vollendet das innere Wesen irgendwann seinen Aufenthalt in der materiellen Welt, wenn es alle Lektionen gelernt hat. Doch die Evolution geht weiter, und die physische

Erfahrung stellt nur einen ganz kleinen Teil davon dar. Was passiert dann mit einem, der jetzt *frei ist vom Rad der Wiedergeburt?* Nun, wir haben einen freien Willen und können deshalb entscheiden. Man sagt, daß es prinzipiell zwei Entscheidungsmöglichkeiten gibt: entweder auf eine höhere Ebene weiterzugehen oder auf dieser Ebene zu bleiben.

Manche werden sich deshalb entscheiden, ihre Erfahrung auf anderen als der materiellen Ebene fortzusetzen und sich damit von ihren Kollegen entfernen, die immer noch mit dem Studium der Materie beschäftigt sind. Andere entscheiden sich möglicherweise dafür, in der Nähe der materiellen Welt zu bleiben, um zu helfen. Die Okkultisten nennen diese Helfer der Menschheit *Adepten der inneren Ebene* und glauben, daß diese sich entschieden haben, ihre noch nicht so weit fortgeschrittenen Gefährten auf der Erde zu führen und zu unterweisen.

Das muß jedoch eine weitere Frage aufwerfen. Wie kann ein körperloses Wesen ein anderes Wesen, das immer noch an Fleisch und Blut gebunden ist, *führen und unterweisen?* Wie kann die Kommunikation zwischen ihnen hergestellt werden? Wenn man davon ausgeht, daß wir nicht allein aus unserem Körper bestehen, dann folgt daraus, daß ein Teil von uns nicht-körperlich sein muß. Ist dem so, dann muß logischerweise angenommen werden, daß dieser nicht-körperliche Teil auch in der unsichtbaren Welt, die jenseits der körperlichen Materie liegt, funktionieren kann, genauso wie der physische Körper in der materiellen Welt funktioniert. Dahinter steckt also die Vorstellung, daß der Adept der inneren Ebene zu unserem nicht-physischen Teil spricht, die Kommunikation daraufhin zum Gehirn weitergeleitet und zu einem bewußten Gedanken wird. Im Prinzip kann man es sich wie Telepathie zwischen einem körperlosen und einem inkarnierten Wesen vorstellen.

Das sind die Grundsteine des westlichen okkulten Gedankengebäudes. Manche der erwähnten Konzepte können Sie möglicherweise unmittelbar als wahr annehmen, während Sie andere als *nicht bewiesen* einstufen. Wenn wahr ist, was der Okkultismus behauptet, dann spielt dies jedoch keine Rolle, denn wenn Sie dem System folgen, werden Sie schließlich selbst darauf stoßen. Die direkte Erfahrung ist der einzige Weg.

Sie können jetzt drei Dinge tun. Sie können dieses Buch voller Abscheu in die Ecke werfen. Sie können es zur geistigen Anregung lesen. Oder Sie können weiterlesen mit der festen Absicht, genügend Kenntnisse zu erwerben, um auszuprobieren, was an diesen Ideen dran ist. Sie haben einen freien Willen – die Entscheidung liegt bei Ihnen.

Zweites Kapitel

Einführung in die Kabbala

Sie sind auf der Suche nach der unsichtbaren Wirklichkeit. Alle Leser dieses Buches sind auf die eine oder andere Art und Weise auf der Suche nach dieser unsichtbaren Wirklichkeit, mit der wir uns bereits im letzten Kapitel befaßt haben. Ganz allein darum geht es in diesem Buch. Aber dabei gibt es gewisse Schwierigkeiten. Es ist nicht leicht mit der Alltagssprache Dinge zu beschreiben, die zwar real, aber dennoch unsichtbar sind! Manchmal sind Worte einfach unbrauchbar.

Die westliche Okkultismustradition ist darauf ausgerichtet, diese unsichtbare Wirklichkeit auf die irdische Ebene herabzubringen, sie zu erden und (letzen Endes!) damit das Königreich auf Erden zu schaffen. Um diese wunderbare Aufgabe erfüllen zu können, müssen wir uns jedoch ernsthaft mit Ideen auseinandersetzen, die in der Alltagswelt undenkbar sind.

Zeichen, Symbole und Glyphen

Schauen wir uns einmal einen Moment unsere normalen Gedanken und Ideen an. Die alltäglichen Gedanken werden meist in Worten ausgedrückt. Viele Leute werden sich eines Gedankens zuerst als *Worte im Kopf* bewußt. Ein Gedanke wie »Ich muß mir mal wieder die Haare schneiden lassen« wird häufig im Geiste als Worte gesehen. Andere Gedanken tauchen in unserem Geist als eine Mischung zwischen Worten und Bildern auf. Gedanken, die mit starken Gefühlen verbunden sind, gehen häufig mit einem Bild einher. Ein großer Teil unseres westlichen Denkens wird jedoch durch Worte bestimmt.

Ideen sind da schon etwas anderes. Zwar kleiden die sogenannten *Verstandesmenschen* ihre Ideen häufiger in Worte als die *Gefühlsmenschen*, doch häufig sind Ideen bildhafter und werden stärker mit Gefühlen assoziiert. Bisweilen können Wortumschreibungen zu langatmig und schwerfällig sein, und häufig verwenden wir *Zeichen*, um allgemeingültige Ideen wiederzugeben. Ein gängiges Beispiel dafür sind die Verkehrszeichen, bei denen ein einfaches Zeichen, ein *Ideogramm*, mehrere Wörter ersetzen kann, was große Vorteile mit sich bringt. Wir werden in diesem Buch das Wort *Zeichen* in derselben Bedeutung benutzen, die viele Psychologen wählen würden – nämlich als *Stellvertreter für einen wirklichen Gegenstand oder dessen Darstellung*. Andere Beispiele für Zeichen sind das Emblem für *Essen*, eine Gabel und ein Messer in einem Kreis, oder eine angezündete Zigarette in einem durchgestrichenen Kreis, was *Rauchen verboten* bedeutet. Darüber hinaus gibt es natürlich noch viele, viele andere, wie etwa das international gültige Zeichen für Radioaktivität.

Abbildung 1: Das Hinweisschild für Essen (A) ist ein Zeichen, das jeder versteht, egal welche Sprache er spricht. Okkulte Zeichen und Symbole (B, das christliche Kreuz) sprechen auf dieselbe Weise zu Ihnen.

Manchmal werden auch *Zeichenkombinationen* verwendet – eine Reihe von Zeichen, die so angeordnet werden, daß die verschiedenen Beziehungen oder der Datenfluß innerhalb eines Systems daraus erkennbar werden. Dazu zählen zum Beispiel elektrische Schaltpläne oder auch Ablaufdiagramme, wie sie von Computerprogrammierern benutzt werden. Sowohl einfache Zeichen als auch Zeichenkombinationen stellen also eine Kurzschreibweise für Gedanken, Objekte oder Prozesse dar (siehe Abbildung 1A). Sie verkörpern allerdings keine Gefühle.

Befassen wir uns noch einmal näher mit den Worten. Worte sind Zeichen, weil sie für Gedanken und Dinge stehen. Sogar ziemlich komplexe Ideen können mit Worten ausgedrückt werden. Doch Worte können auch benutzt werden, um die Stimmung des Lesers durch das Heraufbeschwören geistiger Bilder zu beeinflussen, obwohl sie, selbst in der Hand von Experten, häufig noch inadäquat sind. Dichter sind Meister im Umgang mit Worten zur Erschaffung eines geistigen Bildes von irgend etwas, doch es ist das *Bild*, das die Bedeutung des Gegenstandes mit allen damit verbundenen Emotionen und Gefühlen bestimmt. Je brillanter der Dichter, desto eindrucksvoller ist sein Wort-Bild. Allerdings sind den Ausdrucksmöglichkeiten von Worten allein trotzdem Grenzen gesetzt.

Gehen wir nun näher auf die *geistigen Bilder* ein – die Bilder also, die im Geist zurückbleiben, wenn die Worte des Dichters schon längst verblaßt sind. Die Bilder, von denen wir hier sprechen, sind keine Zeichen; sie stellen keine praktische Kurzschreibweise für einen gewöhnlichen Gegenstand dar, sondern eher ein *Symbol*, ein Ideogramm, das einen Zustand oder Prozeß versinnbildlicht, der mit Worten nicht ausreichend beschrieben werden kann. Daraus läßt sich unsere Definition für ein Symbol ableiten – nämlich *ein Bild, das etwas zum Ausdruck bringt, das anders nicht adäquat beschrieben werden könnte.* Zeichen sind im wesentlichen Verstandesdinge, während Symbole immer auf irgendeiner Ebene etwas mit Gefühlen zu tun haben. Zeichen sind die äußeren Produkte des erst kürzlich erworbenen logischen Verstandes; Symbole hingegen gehen in die Tiefe und beschwören die großen und einfachen Grundprinzipien herauf, auf denen die Menschheit beruht. Zeichen sind bewußt; Symbole gehören dem Unbewußten an. Der Weg zur Bewußtseinserweiterung führt über das Unbewußte, deshalb stellen Symbole das Instrumentarium des Okkultisten dar.

Versuchen Sie sich im Geiste einmal das christliche Kreuz vorzustellen (siehe Abbildung 1B). Sogar ein Atheist assoziiert damit im allgemeinen den Begriff Christentum und insbesondere den Opfertod seines Gründers. Für den überzeugten Christen sind die Assoziationen, die es hervorruft, praktisch unbegrenzt – von der mystischen Idee des Opfers, das Christus für die Menschen vollbracht hat, bis hin zu den erhabenen Gefühlen wie Hingabe, Idealismus, Frömmigkeit et cetera. Natürlich kann das Kreuz bei einem Atheisten auch starke Gefühle des Ärgers und Verdrusses über die offensichtliche Sinnlosigkeit dieser ganzen Dinge hervorrufen. Eines ist jedoch sicher: Es löst auf jeden Fall *Gefühle* aus. Jeder tendiert dazu, bis zu einem bestimmten Grad irgendwie gefühlsmäßig darauf zu reagieren.

Symbole besitzen unterschiedliche Tiefen- und Universalitätsgrade. Menschen sind ganz verschieden, und ein bestimmtes Symbol mag für den einen sehr viel und für den anderen sehr wenig bedeuten, genauso wie Musik und Bilder den einen bezaubern und den andern langweilen. Je archetypischer ein Symbol, desto universeller ist seine Kraft und seine Wirkung. Symbole können Aspekte der Seele oder des Universums darstellen, das *Innere* oder das *Äußere*. Würde man moderne Physiker dazu befragen, so würden sie wahrscheinlich erklären, daß das Innere und das Äußere dasselbe ist, nur aus verschiedenen Blickwinkeln betrachtet.

Die Okkultisten verwenden häufig Symbole, um das Unfaßbare darzustellen, um das Undenkbare zu verstehen und das Unvorstellbare zu lenken. Wir sind Kreaturen, die Werkzeuge benutzen, und verwenden Symbole als Werkzeuge, um das Wesen der unsichtbaren Wirklichkeit zu verstehen und mit ihm sowohl in uns selbst als auch in der Seele der Natur arbeiten zu können. Die meisten der im westlichen Okkultismus verwendeten Symbole sind archetypisch. Viele davon sind uralt; manche gehen sogar bis auf die Ursprünge unserer menschlichen Organisation auf diesem Planeten zurück.

Betrachtet man den Menschen als ein aus den vier Elementen Geist, Verstand, Gefühl und Körper bestehendes Wesen, dann gibt es für jede Ebene die entsprechende Symbolklasse. Die einfachsten und abstraktesten Symbole sind *geometrisch*: der Punkt, die Gerade, der Kreis, das Vieleck und so weiter.

Zur nächsten Stufe, manchmal auch als *komplexe Symbole* bezeichnet, gehören Sinnbilder wie das Kreuz, das Henkel- kreuz, der Davidstern oder das Pentagramm. Auf der dritten Ebene, die durch bildliche Darstellungen von Menschen oder Tieren bestimmt ist, kann auch von *personifizierten* Symbolen gesprochen werden. Ezechiels *vier heilige lebendige Kreatu- ren* – der Mensch, der Löwe, der Adler und der Stier – gehören zu dieser Kategorie, sowie die menschenähnlichen Formen der Erzengel, der Muttergottes Maria, von Jesus als gekreuzigtem Erlöser und Christus, dem König. Wahrscheinlich fallen Ihnen dazu noch viel mehr ein. Die vierte Ebene besteht nicht aus einzelnen Symbolen, sondern aus besonders ausgewählten bildlichen Darstellungen, die miteinander wie durch eine Kette verknüpft sind. In der Praxis ist diese *dynamische Symbol- gruppe* angeordnet wie eine visuelle Reise, bei der wir uns von einem Bewußtseinszustand zum nächsten *bewegen*. Dieses Reisen nach innen wird von den modernen Kabbalisten *Pfad- arbeit* genannt; wir werden uns später noch eingehend mit die- sem Thema befassen.

Wenn Sie sich die vier Symbolebenen, die wir gerade be- schrieben haben, näher ansehen, werden Sie bemerken, daß sie, ebenso wie die vier Ebenen des Menschen, ein zunehmen- des Maß an Komplexität darstellen. Sie werden merken, daß die *geometrischen* Symbole der abstraktesten Ebene an- gehören – dem Geist oder dem Urgrund aller Dinge im Univer- sum. Ein Punkt hat zwar einen Ort, aber keine Dimension. Eine Gerade ist ein verlängerter Punkt, der nach außen ins Un- endliche strebt. Ein Kreis ist eine Gerade, die an ihren Aus- gangspunkt zurückkehrt, eine Art endloser Weg, der eine Ein- friedung schafft, in der *Raum* begrenzt wird. Vielecke – Qua- drate, Dreiecke, Achtecke und so weiter – stellen besondere Arten von Begrenzungen dar, deren Bedeutung durch die An- zahl ihrer Seiten bestimmt wird.

Die *komplexen* Symbole stellen, wie zu erwarten, kom- plexere Ideen dar. So versinnbildlicht zum Beispiel das Penta- gramm (oder der fünfzackige Stern) die besondere Beziehung zwischen den vier alchimistischen Elementen (Erde, Luft, Feuer und Wasser) und dem fünften Element – Äther –, aus dem alle anderen entspringen. Das Pentagramm stellt unsere vier Ebenen und ihre Beziehung zur geistigen Welt dar. Dieses Symbol wird im zeremoniellen Okkultismus häufig verwendet. Eine andere Sternform ist das Hexagramm oder der sechszackige Stern. Er setzt sich aus zwei verschränkten Dreiecken zusammen, von denen eines nach oben zeigt und eines nach unten. Das nach oben weisende Dreieck steht für die Materie, die dem Geist entgegen *nach oben* strebt, während das nach unten weisende Dreieck dem geistigen Prinzip entspricht, das zur Materie hin *nach unten* strebt. Als Ganzes bedeutet dieses Symbol Vollkommenheit – zum einen als Gott im Menschen und zum anderen als das Königreich auf Erden. Wie Sie später noch sehen werden, gehören die komplexen Symbole der Verstandesebene an.

Die personifizierten Symbole – die dritte Ebene also – beziehen sich vor allem auf unsere emotionalen und von Gefühlen bestimmten Anteile oder aber auf die entsprechenden Energieebenen im Universum. Sie sind an ihrer Menschen- oder Tierform erkennbar. Während die ersten beiden Symboltypen Prinzipien und Ideen verkörperten, geht es bei dieser dritten Kategorie von Symbolen um Erfahrung, die im wesentlichen *menschlich* ist und normalerweise in Form von Emotionen oder Gefühlen gemacht wird. In diesem Falle spricht eher das Herz als der Kopf. Denken Sie nur einmal an die hinreißende griechische Göttin Aphrodite, die Traumfrau aller jungen Männer, oder an den gutgebauten, attraktiven Helden Herakles, frisch zurück von seiner letzten guten Tat. Denken Sie an den glorreichen Titanen Helios (oder versuchen Sie zu spüren), wie er den Sonnenwagen über den blauen Himmel lenkt oder Maria, die Mutter Jesu, im blauen Gewande oder den ägyptischen Horus, den Falken des Morgens. Sicherlich rufen eines oder mehrere dieser Bilder Gefühle welcher Art auch immer bei Ihnen hervor. All diese Bilder sind typisch für diese Klasse von Symbolen.

Ich glaube, wir haben jetzt genug über Symbole geredet, um klarzumachen, daß sie das innere Selbst ansprechen – den Geist, den höheren Verstand und die Gefühle – und zwar auf eine Art, die mit Worten allein nie möglich wäre. Symbole verkörpern die ewigen Wahrheiten. Diese uralten Wahrheiten sind Wirklichkeiten in der Seele, die beim modernen Menschen der westlichen Welt, der vergessen hat, woher er kommt, wohin er geht, und wer seine Eltern sind, häufig ganz weit nach unten gedrängt wurden.

Als wir über die Zeichen sprachen, erwähnten wir auch die Zeichenkombinationen – Diagramme, die Abläufe, Prozesse und Beziehungen aufzeigen. Auf dieselbe Art und Weise können auch Symbole zu Symbolkombinationen oder *komplexen* Symbolen zusammengefaßt werden, die bisweilen auch *Glyphen* genannt werden. Glyphen können verschiedene Formen haben und zu vielen verschiedenen Zwecken verwendet werden. Glyphen können ganze Bilderalphabete umfassen, und man kann sie sich sozusagen als Super-Symbole vorstellen.

Von allen Gylphen des westlichen Okkultismus ist der kabbalistische Baum des Lebens, auf hebräisch *Otz Chiim* genannt, das wohl erhabenste Beispiel. Auf diesem Diagramm aus zehn Kreisen und zweiundzwanzig miteinander verbundenen Linien baut sich eine ganze Bibliothek von Symbolen auf, die von den einfachen geometrischen bis zu den komplexen personifizierten Formen reichen. Diese Glyphe bildet die Grundlage des magischen Rituals und der Pfadarbeit. Sie ist der Schlüssel zur okkulten Philosophie, Anatomie und Physiologie des Westens. Sie ist *die* Glyphe der Seele des Menschen und der Natur. Die im Lebensbaum enthaltene Symbolik wird uns für ein ganzes Leben eingehender Beschäftigung mit ihm reichlich belohnen.

Kabbalistische Symbole

Der Baum des Lebens ist die zentrale Glyphe der westlichen Okkultismustradition und wird seit unzähligen Jahren zur Meditation und zur Durchführung okkulter Praktiken verwendet. Viele seiner Symbole sind archetypisch, was bedeutet, daß sie für Menschen aller Rassen und Glaubensrichtungen eine tiefe Bedeutung haben. Sie verkörpern grundlegende menschliche Erfahrungen wie *Männlichkeit, Weiblichkeit,*

Mutterschaft und so weiter. Seit Jahrhunderten haben Okkultismusschüler, die mit dieser Symbolik großgezogen und im praktischen Umgang damit ausgebildet wurden, begonnen, innerhalb dieses Systems zu leben, zu denken und voranzuschreiten. Wir arbeiten täglich damit, meditieren damit und interpretieren unser Leben im Lichte der Struktur dieses Systems. Es bringt Ordnung in unser Innenleben; in Träumen und außersinnlichen Erfahrungen werden uns die Symbole des Lebensbaumes wieder begegnen, und wenn wir in unserer Ausbildung das entscheidende Stadium erreicht haben, wird sich auch unsere Ritualarbeit darauf gründen.

Damit die Kabbala wirklich zu einem Bestandteil unseres Lebens wird, muß der Umgang mit ihr zu einem Automatismus werden, wenn wir in den vollen Genuß ihrer Wirkung kommen wollen. Aus diesem Grunde ist es gut, sich bei jeder Gelegenheit Notizen zu machen und Diagramme aufzuzeichnen. Dadurch wird das kabbalistische System zu einem Teil unserer innerern Welt.

Wir werden uns in den folgenden Kapiteln eingehender mit der Kabbala und dem Baum des Lebens befassen, deshalb wollen wir an dieser Stelle ein bißchen mehr Zeit darauf verwenden, uns über die Ursprünge dieses bedeutenden Systems klarzuwerden. Das Wort *Kabbala* (oder auch Kabbalah) kommt von dem hebräischen *QBL, qabal*, was so viel heißt wie *empfangen*. Die Kabbala ist also *das Empfangene* oder auch *die Überlieferung*. Auf die Frage, woher sie ursprünglich stammt, würden die alten Rabbis wohl antworten, sie sei uns von den Engeln geschenkt worden. Es ranken sich gewiß viele Geheimnisse um ihre Vergangenheit, wie könnte es sonst sein, daß, obwohl die meisten Gelehrten ihre Ursprünge auf das Mittelalter datieren, die okkulte Tradition daran festhält, die Kabbala sei vorgeschichtlich. Die kabbalistischen Schriften tauchen sicherlich erst im Mittelalter auf, aber eine mündliche Überlieferung existierte bestimmt schon lange Zeit zuvor und wurde von Generationen von Lehrern *von Mund zu Mund* an ihre Schüler weitergegeben. Einige Autoritäten gehen davon aus, daß die Ähnlichkeiten zwischen Zarathustras *Awesta* und der Kabbala darauf hindeuten, daß die Juden die Grundlagen

dieses Systems aus derselben Quelle empfangen haben wie
Zarathustra. Nicht zuletzt war Daniel während seines Exils
auch bekannt unter dem Namen Belschazzar, der große Magier
Babylons.

Die meisten Okkultismusschüler sind heutzutage nicht
übermäßig an der wissenschaftlichen Forschung an sich interessiert; sie wollen lieber etwas, das sie hier und jetzt anwenden
können. Die Kabbala ist ein lebendiges System, das mit dem
Gebrauch wächst. Sie hat eine Entwicklung durchgemacht,
wie sie alle Wissenssysteme durchmachen müssen, wenn sie
überleben wollen. Die Inhalte der Kabbala werden häufig in
vier Themenbereiche aufgeteilt:

1. die praktische Kabbala, die sich mit der zeremoniellen
   Magie beschäftigt;
2. die dogmatische Kabbala, die aus den kabbalistischen
   Schriften und Büchern besteht;
3. die numerologische Kabbala, die sich mit den Buchstaben und ihren Zahlenwerten befaßt;
4. die ungeschriebene Kabbala, bei der es um die Zuordnung der Symbole zu den Sphären auf dem Lebensbaum
   geht.

Von diesen vier Bereichen hat der praktizierende westliche
Okkultist vor allem mit der praktischen und der ungeschriebe-
nen Kabbala zu tun, obwohl häufig auch noch die Numerologie in Verbindung mit hebräischen Buchstaben und Wörtern
hereinspielt, also auch die numerologische Kabbala.

Die Dreiecke des Lebensbaums

Otz Chiim, der Baum des Lebens, ist wahrhaftig der Baum des
Wissens um Gut und Böse. Er besteht aus zehn Kreisen oder
Sphären, genannt *Sephiroth*, was *Emanationen* bedeutet. Die
Einzahl von *Sephiroth* ist *Sephirah*. Diese Sephiroth lassen sich
zu drei Dreiecken und der einzelnen zehnten Sephirah ganz
unten anordnen (siehe Abbildung 2, Seite 27).

Die Dreiecke auf dem Lebensbaum sind durch zweiund-

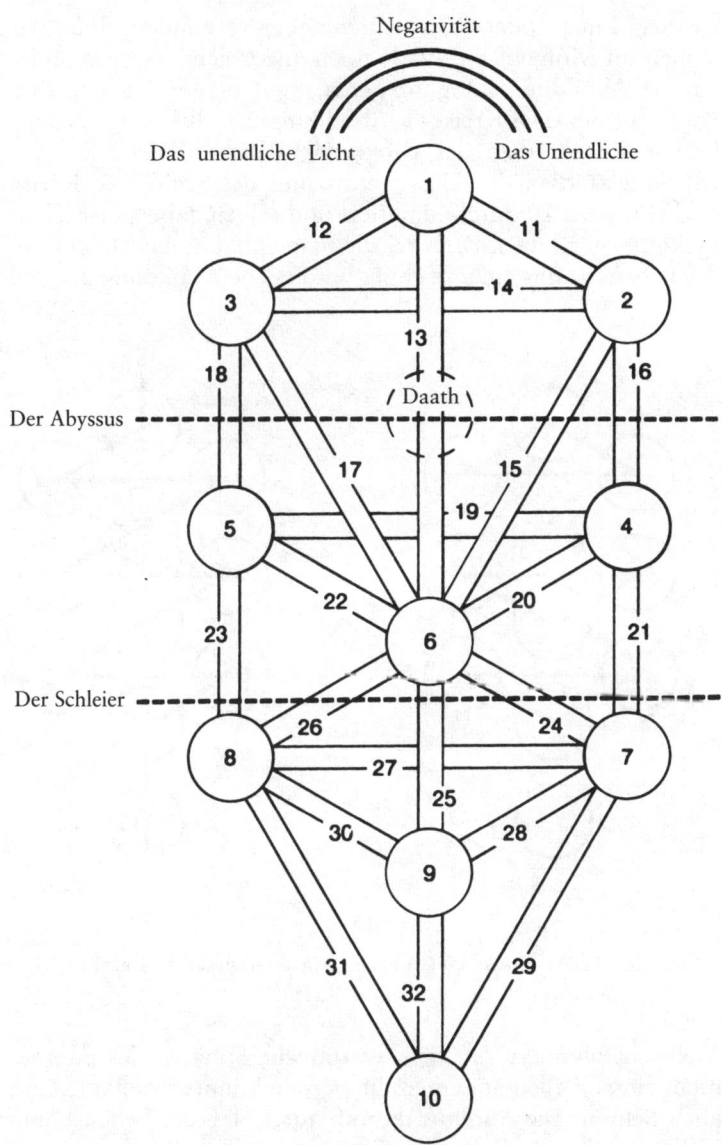

Abbildung 2: Der Baum des Lebens

zwanzig Linien oder *Pfade* miteinander verbunden, doch wir wollen im Moment die Pfade noch außer acht lassen. Studieren Sie Abbildung 3A ganz genau, und prägen Sie sich ihre Form gut ein. Die Kreise in Abbildung 2 stellen verschiedene Entwicklungsstadien der Dinge dar – insbesondere die Entwicklungsstadien des Universums und der Seele. Die Kreise sind von 1 bis 10 durchnumeriert und folgen dabei einer Zickzacklinie, genannt *Lichtblitz*, die manchmal in das Diagramm des Lebensbaums eingezeichnet wird (siehe Abbildung 3B).

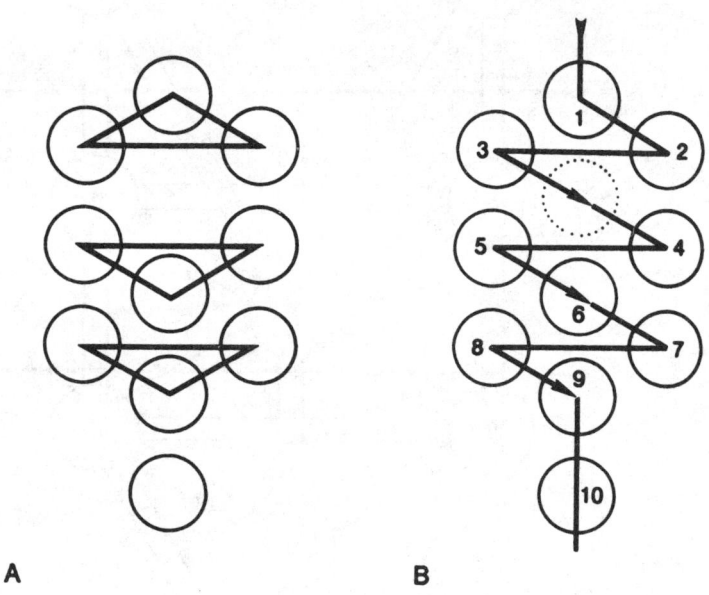

A   **B**

Abbildung 3: Die Dreiecke im Baum des Lebens (A) und der Lichtblitz (B)

Vielleicht wundern Sie sich, warum die Sphären des Baumes nicht einfach aneinandergereiht werden können wie Perlen auf einer Schnur. Die Antwort darauf lautet, daß der Lebensbaum nicht einfach eine Folge von Ereignissen darstellt, sondern ein ganzes Beziehungsgeflecht.

Die Säulen

Die zehn Sephiroth des Lebensbaums können auch als drei senkrechte Linien oder *Säulen* angesehen werden. Aus dieser Anordnung werden die drei großen komplementären Prinzipien Aktivität, Passivität und Gleichgewicht deutlich. Die äußeren Säulen stellen jeweils die komplementären Gegensätze dar, während die mittlere Säule den Gleichgewichtszustand zwischen ihnen verkörpert (siehe Abbildung 4).

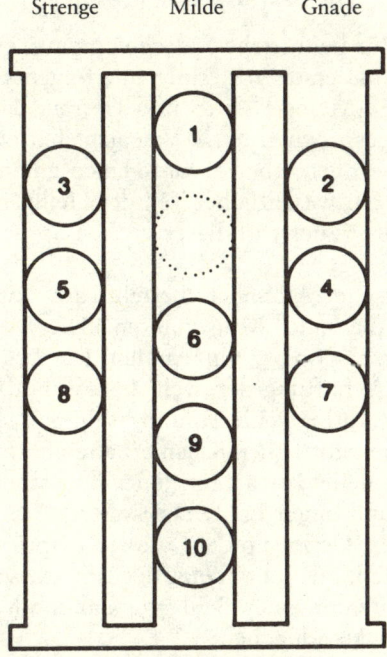

Abbildung 4: Die drei Säulen: Strenge, Milde und Gnade

Die Säulensymbolik kann, wie alle anderen Beziehungen im Baum des Lebens, auch auf den Menschen oder das Universum übertragen werden. Die Bedeutung der komplementären Prinzipien im Lebensbaum wird uns später noch klarer werden, wenn wir in unseren Nachforschungen weiter fortgeschritten sind. Sie werden einen gestrichelten Kreis zwischen dem ersten und sechsten Kreis bemerken; dieser steht für eine *unsichtbare Sephirah* mit Namen *Daath*, über die wir später noch mehr reden werden. In der kabbalistischen Tradition wurden die Säulen oft auch als Säule der *Strenge* (aktiv), Säule der *Gnade* (passiv) und Säule der *Milde* (Gleichgewicht) bezeichnet.

Die hebräischen Buchstaben

Ein Professor für hebräische Sprache an einer englischen Universität soll seine erste Vorlesung mit folgenden Worten begonnen haben: »Meine Damen und Herren, das ist die Sprache, die Gott gesprochen hat.« Vielleicht hat er den Kreis da etwas zu eng gezogen, aber er hatte einen guten Grund dafür. Sicher ist, daß ein wesentlicher Teil der Heiligen Schriften der westlichen Kultur zuerst in dieser uralten Sprache aufgezeichnet wurde.

Das hebräische Alphabet besteht aus zweiundzwanzig Buchstaben. Alle sind Konsonanten. Die Vokallaute oder *Punkte* wurden erst später hinzugefügt. Der Legende nach ließ Gott bei der Erschaffung der Welt die zweiundzwanzig Buchstaben vor sich aufmarschieren und »sah, daß sie gut waren«. Nachdem sie den göttlichen Segen erhalten hatten, wurden die Buchstaben als heilig betrachtet. Jeder Buchstabe repräsentiert einen Begriff und einen Laut. Die äußere Form des Buchstabens ähnelt den Gegenständen, die sie ursprünglich versinnbildlichen sollten. So stellt *Schin*, der einundzwanzigste Buchstabe, den Giftzahn einer Schlange dar, und *Kaf*, der elfte Buchstabe, eine Handfläche.

Das Hebräische hat schon immer die nichtjüdischen Okkultisten fasziniert, weil es so alt ist und fremdartig und mysteriös aussieht. Auch seine Laute sind ungewohnt und manchmal guttural und deuten auf merkwürdige und geheime Dinge außerhalb der Grenzen des normalen menschlichen Lebens hin. Vielleicht fragen Sie sich an diesem Punkt, ob Sie jetzt auch noch Hebräisch lernen müssen, bevor Sie den Lebensbaum richtig verstehen und damit umgehen können. Die Antwort lautet ganz einfach *Nein*. Der Baum des Lebens ist ein Beziehungssystem, das universell ist. Es kann in jeder Sprache zu jeder Zeit ausgedrückt werden.

Wenn der Lebensbaum auch ohne Hebräischkenntnisse effektiv verwendet werden kann, weshalb schweifen wir dann vom Thema ab und gehen überhaupt auf diese Sprache ein? Zum einen, weil die kabbalistischen Ideen zuerst in Hebräisch ausgedrückt wurden und ein großer Teil der späteren kabbalistischen Literatur, wie etwa die Schriften des Golden Dawn, ihre Theorie und Praxis vor allem auf die Buchstaben und ihre Bedeutung gründeten. Und zum anderen, weil jahrhundertelang die Okkultismusschüler darüber meditiert und in Ritualen mit ihnen gearbeitet haben und das Hebräische dadurch zu einem Brennpunkt im Unbewußten der westlichen okkulten Tradition geworden ist. Der okkulten Theorie zufolge kann sich der moderne Okkultist durch Meditation über die hebräischen Buchstaben auf diesen Vorstellungs- und Erfahrungsschatz einstimmen. Probieren Sie es einfach selber aus. Manche finden es hilfreich, andere nicht. Wollen Sie die kabbalistische Literatur und den Baum des Lebens eingehender studieren, sind jedoch Grundkenntnisse über die Art und Weise, wie die Buchstaben dem Lebensbaum zugeordnet werden, unerläßlich. Wir werden sie deshalb mit fortschreitender Entwicklung des Themas einfließen lassen.

Wie bereits erwähnt, handelt es sich also um zweiundzwanzig Buchstaben, die alle Konsonanten sind. Das Hebräische besitzt keine gesonderten Zahlzeichen, so stellt jeder Buchstabe gleichzeitig auch einen Zahlenwert dar. Die alten Rabbis machten sich diese Besonderheit zunutze und entwickelten eine Form der Numerologie, die sogenannte *Gematria*. Werden die Zahlenwerte der einzelen Buchstaben eines Wortes addiert, kann die so erhaltene Quersumme mit der Summe anderer Wörter verglichen werden. Es wird angenommen, daß alle Wörter, die dieselbe Summe haben, eine besondere Affinität zueinander haben. Die Buchstaben selbst werden im Baum des Lebens auf eine Art und Weise verwendet, auf die wir später noch näher eingehen. Sie müssen zwar nicht unbe-

Tabelle 1: Die hebräischen Buchstaben

Buchstabe	Name	Darstellung	Wert	Typ
א	Aleph	Ochse	1	Mutter
ב	Beth	Haus	2	Doppelter
ג	Gimel	Kamel	3	Doppelter
ד	Daleth	Tor	4	Doppelter
ה	He	Fenster	5	Einfacher
ו	Vau	Nagel	6	Einfacher
ז	Sajin	Schwert	7	Einfacher
ח	Cheth	Zaun	8	Einfacher
ט	Teth	Schlange	9	Einfacher
י	Jod	Hand	10	Einfacher
דכ	Kaf	Handfläche	20 (500)	Doppelter
ל	Lamed	Ochsentreibstock	30	Einfacher
מם	Mem	Wasser	40 (600)	Mutter
גן	Nun	Fisch	50 (700)	Einfacher
ס	Samech	Stützpfahl	60	Einfacher
ע	Ajin	Auge	70	Einfacher
תפ	Pe	Mund	80 (800)	Doppelter
צץ	Zade	Fischhaken	90 (900)	Einfacher
ק	Kof	Hinterkopf	100	Einfacher
ר	Resch	Kopf	200	Doppelter
ש	Schin	Zahn	300	Mutter
ת	Tau	Kreuz	400	Doppelter

dingt verwendet werden, aber es lohnt sich trotzdem, sie näher kennenzulernen.

Die Kabbalisten teilen die hebräischen Buchstaben in drei Gruppen auf: die *Mütter*, die *Doppelten* und die *Einfachen*. Es gibt drei Mütter, sieben Doppelte und zwölf Einfache. Aber mehr später. Tabelle 1 auf Seite 32 gibt einen Überblick.

Dieser kleine Exkurs weg von unserer grundlegenden Erklärung der Struktur des Lebenbaums war nötig, da die Buchstaben und ihre Zahlenwerte von nun an nach und nach eingeführt werden.

Der Baum des Lebens als Ganzes

Bisher haben wir den Baum des Lebens so betrachtet, als bestünde er einfach aus zehn Kreisen, die in einem bestimmten Muster angeordnet sind. Die Kreise können zum Beispiel zu drei Dreiecken und einem Kreis an ihrer Basis zusammengefaßt werden, aber sie können auch als drei senkrechte Säulen angesehen werden. Es gibt noch andere wichtige Muster, aber sie werden für uns keine große Bedeutung haben, solange wir den Lebensbaum nicht als Ganzes betrachtet haben.

Schauen wir uns noch einmal Abbildung 2 (auf Seite 27) an. Die zehn Sephiroth sind also durch zweiundzwanzig Linien oder Pfade miteinander verbunden. Wie aus der Darstellung des Lichtblitzes hervorgeht, ist jeder Sphäre eine Zahl zugeordnet (Abbildung 3B, Seite 28). Außerdem trägt sie einen hebräischen Namen. Auch die Pfade sind, angefangen bei der Zahl 11, durchnumeriert (nach der Zahlenfolge der Sephiroth) und enden mit der Zahl 32 am unteren Ende der Glyphe. Das gesamte Diagramm ergibt die *32 wunderbaren Pfade der Weisheit*. Die Buchstaben sind den Pfaden zugeordnet, nicht den Sephiroth. Aleph, der erste, bezeichnet den ersten Pfad mit der Zahl 11, Tau, der letzte, den letzten, also den 32. Pfad.

Schauen Sie sich das Diagramm des Baumes noch einmal genau an, und verschaffen Sie sich Klarheit über die Zuordnung der Zahlen. Wenn Sie sich Ihren eigenen Lebensbaum zeichnen und mehrmals abzeichnen, können Sie jedesmal,

wenn wir ein Thema behandelt haben, andere Symbole hinzufügen. Sie könnten beispielsweise üben, die hebräischen Buchstaben zu schreiben und sie entlang der Pfade eintragen.

Ein wichtiger Gedanke blieb bisher unerwähnt. Der Baum
des Lebens ist ein *relatives* Symbol, kein absolutes. Die Glyphe
zeigt zehn Grundzustände und die *Beziehungen* zwischen
ihnen auf. Die erste Sephirah stellt immer den Ausgangspunkt
irgendeiner Sache dar – den Urzustand, die Urkraft, den Ursprung. Die letzte Sephirah, Malkuth, verkörpert den Endzustand – das Ergebnis, das Ende einer Angelegenheit. Die anderen Sephiroth stellen Zwischenstadien zwischen dem Anfang
und dem Ende und die Beziehung zwischen diesen Stadien dar.

Wir benutzen den Lebensbaum, indem wir eine der Sephiroth herausgreifen, gewöhnlich die erste oder die letzte,
und sie mit einem Begriff assoziieren, den wir verstehen möchten. Die übrige Glyphe gibt uns dann Aufschluß über die damit zusammenhängenden Umstände. Nehmen wir einmal an,
wir wollten das innere Wesen des Menschen ergründen. Wir
könnten dann die erste Sephirah mit dem höchsten Aspekt des
Menschen assoziieren, dem Geist. Die zehnte Sephirah könnte
hingegen zur Verkörperung des Endergebnisses, der dichtesten
und komplexesten Manifestation des göttlichen Geistes verwendet werden, dem physischen Körper. Alle dazwischenliegenden
Sephiroth würden dann Verstand, Gefühle und Instinkte, also
alle Zustände *zwischen* dem Ausgangs- und dem Endzustand
symbolisieren.

Oder nehmen wir ein anderes Beispiel: Betrachten wir
Kether, die erste Sephirah, als den Urgrund aller Dinge oder
Gott. Dann könnte die letzte Sphäre im Baum, Malkuth, Gottes Schöpfung, das Universum, versinnbildlichen. Die dazwischenliegenden Sephiroth könnten dann als Zwischenstadien
und Wechselbeziehungen innerhalb der Evolution angesehen
werden.

Eine Idee kann mit einer Zwischensphäre assoziiert werden.
Gehen wir wiederum aus vom Universum, dann könnte unsere
Sonne – mit allen damit verbundenen religiösen und mythologischen Assoziationen – auf der sechsten Sephirah, Tiphereth,
angebracht sein. Die Erde könnte in diesem Falle Malkuth zu-

geordnet werden; wobei die erste Sephirah, Kether, wiederum den Urgrund aller Dinge (was immer das Ihrer Meinung nach sein mag) symbolisiert.

Wir brauchen noch mehr Einzelheiten, um genauere Beispiele geben zu können. Aber wir wissen jetzt auf jeden Fall, daß es sich bei dieser Glyphe nicht um ein starres System von Symbolen handelt, deren Bedeutung ein für alle Male festgelegt ist, sondern vielmehr um ein philosophisches, psychologisches und magisches Instrument von äußerster Vielseitigkeit. Wie mit jedem anderen Werkzeug auch, müssen wir nur lernen, damit umzugehen.

Auf die Pfade sind wir jetzt immer noch nicht im einzelnen eingegangen. Für den Moment mag es ausreichen, die Sephiroth als Sinnbilder von Kräften, Begriffen oder Seinszuständen zu betrachten, während die Pfade Stadien der Wandlung zwischen einem Seinszustand und einem anderen darstellen.

Die Sephiroth

Jede der zehn Sephiroth wurde mit einem Namen versehen (siehe Tabelle 2, Seite 36). Manche dieser Namen sind sehr bedeutungsvoll und liefern viele Hinweise auf den tieferen Sinn der Sphäre. Beispielsweise bedeutet Kether, der Name der ersten Sephirah, *die Krone*. Man assoziiert Kronen mit Königen und Königinnen; Kronen werden auf dem Haupt getragen; sie sind höher als der Kopf selbst; die Reihe ließe sich beliebig fortsetzen. Es lohnt sich, ein bißchen Zeit darauf zu verwenden, Ihre Gedanken um die Vorstellungen kreisen zu lassen, die die Namen bei Ihnen hervorrufen. Zumindest Malkuth, Netzach und Hod, deren Namen *das Königreich, die Macht* und *die Herrlichkeit* bedeuten, müßten Ihnen eigentlich genügend Stoff zum Nachdenken liefern. Um uns an die Namen der Sephiroth zu gewöhnen, wollen wir sie im folgenden ein Weile anstelle der Zahlen verwenden.

Tabelle 2: Die Namen der Sephiroth

Sephirah	Name	Bedeutung
1	Kether	Krone
2	Chockmah	Weisheit
3	Binah	Verstehen
4	Chesed	Barmherzigkeit (oder Majestät)
5	Geburah	Strenge (oder Stärke)
6	Tiphereth	Schönheit (oder Gleichgewicht)
7	Netzach	Sieg (oder Macht)
8	Hod	Ruhm
9	Jesod	Fundament
10	Malkuth	Königreich

Denken Sie immer daran, daß der beste Weg, etwas über den Baum des Lebens zu lernen, in seinem Gebrauch besteht. Zeichnen Sie diese Glyphe immer wieder, machen Sie sich Notizen dazu, spekulieren Sie über seine Bedeutung und sinnen Sie über seine Symbole nach. Lassen Sie uns den Baum nun als ein Diagramm benutzen, das den Prozeß des Absteigens des Universums in die Materie verkörpert, von seinem Ursprung bis zu seiner materiellen Form. Der Ablauf folgt dem Pfad des Lichtblitzes (siehe Abbildung 3B, Seite 28).

Betrachten Sie nun Abbildung 5 auf Seite 37. Suchen Sie zuerst Kether im Baum. Sie sehen, daß sich darüber drei Strahlungsringe befinden. Diese werden auch *die drei Schleier* genannt. Die Idee dahinter ist, daß Kether von irgendwoher gekommen sein muß, und die Schleier stehen für diesen vorexistentiellen Zustand, aus dem Kether hervorgegangen ist. Der äußerste Schleier wird *Negativität* genannt, der zweite *das Unendliche* und der Kether am nächsten liegende *das unendliche Licht*. Diese Begriffe werden in dem Kapitel über die Kosmogonie noch näher erläutert werden.

Aus dem unendlichen Licht kristallisierte sich der Urpunkt, Kether, heraus. Vollkommen und sich selbst erhaltend bleibt er auf ewig der Mittelpunkt eines Kreises, dessen Zentrum über-

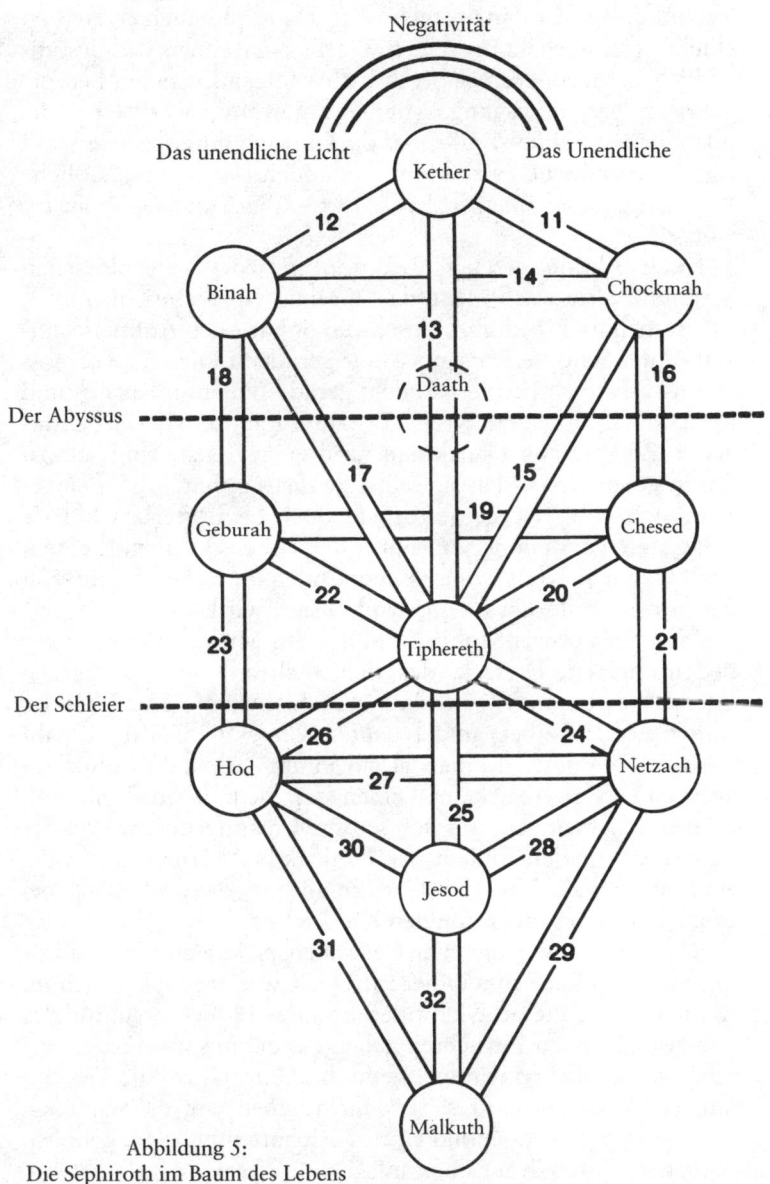

Abbildung 5:
Die Sephiroth im Baum des Lebens

all und dessen Umfang nirgends ist. Dann plötzlich erzeugt er, einem tiefen Geheimnis seines Wesens oder einem Ruf des unendlichen Meers des negativen Lichts folgend, das ihn hervorgebracht hat, Bewegung. Mit einer gewaltigen Stille hat die unendliche Energie von Kether die Grenzen durchbrochen und ist ins unendliche Nichts entschwunden. Diese unglaubliche Bewegung reiner Existenz kann durch Chockmah symbolisiert werden.

Doch Aktion erzeugt Reaktion in jedem geschlossenen System; und dieses System, das in seiner Größe fast unendlich ist, ist dennoch begrenzt durch die Sphäre der Aufmerksamkeit seines Schöpfers. Es gibt keine geraden Linien im Kosmos. Die reaktiven Kräfte verwandeln gerade Linien in Kurven und letztendlich in einen Kreis. Die grenzenlose vorwärtsdrängende Energie von Chockmah wird eingegrenzt, eingeschlossen in einen Kreis, den sie selbst geschaffen hat. Als uneingeschränkte Kraft ist sie gestorben; doch beim Sterben hat sie der ersten Vorstellung von Form das Leben geschenkt, einem geschlossenen Kreis voller Energie, der im Lebensbaum von der dritten Sephirah, Binah, symbolisiert wird.

Diese ersten drei Sephiroth bilden ein Muster von höchster Bedeutung, ein Dreieck, das sich auch auf den niedrigeren Ebenen des Baumes wiederholt. Die Elemente dieses Urbildes sind *Einheit* (Kether) und *Dualität* (Chockmah/Kraft; Binah/Form). Die Einheit Kether ist ein Punkt – deshalb besitzt sie zwar einen Ort, aber keine Dimension. Sie muß an *Breite* und *Höhe* dazugewinnen, um sich selbst zu manifestieren. Von der nulldimensionalen Einheit des Punktes bei Kether strahlt die eindimensionale Linie bei Chockmah aus, die schließlich bei Binah zum zweidimensionalen Kreis wird.

Sicher geben wir uns hier Gedankenspielereien hin und lassen viel Phantasie miteinfließen. Doch was macht das schon, wenn wir mit diesen Methoden und der bloßen Struktur des Lebensbaumes zu Einsichten gelangen, die uns ansonsten verschlossen geblieben wären? Wenn das Universum eine Vorstellung im Verstand Gottes ist, dann können wir, die wir nach dem Beispiel und Ebenbild Gottes erschaffen wurden, genauso vorgehen und es ihm gleichtun!

Kehren wir zurück zum Baum als graphischem Symbol für das Universum. Die nächste wichtige Gruppe von Sephiroth bilden Chesed, Geburah und Tiphereth. Auch hier haben wir es wieder mit einem Dreieck zu tun, dessen Spitze dieses Mal jedoch nach unten zeigt. Wieder ist es das Wechselspiel von Komplementärkräften – dieses Mal Chesed und Geburah –, das einen neuen Seinszustand erzeugt. Doch das Dreieck ist ein Spiegelbild des ersten. Ursprünglich entstand aus der Einheit Dualität. Jetzt vereinen sich die Elemente der Dualität, Chesed und Geburah, und aus ihrer Verbindung wird die neue Einheit Tiphereth geboren. Es gibt eine Wirklichkeit; alles andere sind Bilder und Spiegelbilder.

Dieses zweite Dreieck hat nun eine neue Dimension zu dem einfachen Zustand des ersten Dreiecks hinzugefügt. Der Kreis ist zu einer Kugel geworden. Da es sich um ein Spiegelbild handelt, sind die Polaritäten jedoch vertauscht; Chesed ist Träger der Vorstellung der *Form*, während Geburah die Dynamik darstellt. Tiphereth ist der Gleichgewichtszustand zwischen beiden und verkörpert die Essenz der *nächsten* Phase.

Noch einmal wiederholt sich der ganze Prozeß, wieder in einer Dreiecksbeziehung, dieses Mal zwischen Netzach, Hod und Jesod, einer Reflektion des vorangegangenen Musters. Wieder ist die Polarität vertauscht. Netzach ist dieses Mal der dynamische Teil, während Hod die *Form* symbolisiert. Jesod ist das Ergebnis ihrer Interaktion. In dieser Hinsicht ist Jesod mit Tiphereth vergleichbar, allerdings auf einem tieferliegenden Bogen. Wieder ergab sich aus den Phasen Aktion, Reaktion und Gleichgewicht eine neue Entwicklung. Der skelettartige Rahmen, bestehend aus Kräften und feinstofflicher Form, wurde überzogen mit einer Art *Vormaterie*. Die Evolution hat das erreicht, was die Okkultisten die Astralebene nennen.

Aus der Harmonie von Tiphereth bildet sich Netzach, die reine Elementarkraft. Wie im ersten Dreieck läßt eingeschränkte Kraft Form entstehen. In okkulten Begriffen ausgedrückt ist Hod die Welt der astralen Form, ebenso wie Binah der Ort der *geistigen* Form ist. Jesod ist der Seinszustand, der sich daraus ergibt, und zwar nicht nur aus diesem Dreieck, sondern aus dem gesamten Baum. Es scheint deshalb durchaus passend, wenn Jesod häufig als *Schatzkammer der Vorstellungen* oder *Maschinerie des Universums* bezeichnet wird. Die Bezeichnung *Maschinerie des Universums* ruft zwingend das Bild des lenkenden Lebens hinter allen Phänomenen der materiellen Welt hervor.

Ganz unten am Fuße des Baumes befindet sich schließlich ganz allein Malkuth, die letzte Sephirah. Sie ist ein Sinnbild für die physische Welt der Materie, die uns in Form von Häusern, Autos, Bäumen, Bergen und Sternen bekannt ist. In Malkuth verwirklicht sich das letzte Stadium des Abstiegs in die Materie. Malkuth ist der tiefste Punkt auf dem großen Bogen der Evolution. Wenn Kether in sich die Idee allen erschaffenen Lebens trägt, wie die Eichel in sich die Eiche, dann stellt Malkuth den vollkommensten Ausdruck des Lebens dar. Wenn Kether das Alpha des Universums ist, ist Malkuth das Omega. »Ich bin das Alpha und das Omega«, sprach der Herr.

Wenn wir den Lebensbaum auf diese Art und Weise benutzen, bekommen wir langsam eine Vorstellung von der Methodik der kabbalistischen Philosophie. Denken Sie stets daran, daß wir in dieser Phase den Baum des Lebens nur als Rahmen benutzen, als eine Art Kleiderständer, an den wir Ideen hängen. Beachten Sie, daß diese Methode viel kreative Phantasie erfordert, die ständig anhand der polarisierenden Muster des Baumes überprüft wird. Vergessen Sie nie, daß die Sephiroth *Beziehungsmuster* darstellen – nie *festgelegte Symbole* für Dinge oder Seinszustände.

Der Prozeß der Rückkehr

Sehen wir uns nun kurz den Lebensbaum als ein Diagramm des Rückkehrprozesses an. Der Lichtblitz (bisweilen auch flammendes Schwert genannt) zeigt die Reihenfolge der Emanationen auf, wie eine Sephirah aus der anderen hervorgeht. Jede ist in der vorangehenden Sephirah bereits enthalten, wie die Pflanze im Samen, bis hin zur einzelligen Herrlichkeit von Kether. Der Baum kann also als Diagramm für den gesamten Schöpfungsplan angesehen werden, der den unbewußten Gedanken Gottes entstammt.

Alles Leben folgt dem zyklischen Gesetz: auf die Involution folgt die Evolution. Nachdem das Leben sein höchstes Maß an Komplexität in der Materie entfaltet hat, zieht es sich Sphäre um Sphäre wieder aus den Formen zurück, die es geschaffen hat, wobei es jetzt jedoch die Fähigkeiten, die es während seines Aufenthaltes in der materiellen Welt erlangt hat, in sich trägt. An dieser Stelle wäre es vielleicht gut, nochmals darauf hinzuweisen, daß technisch gesehen *alle* Sphären unterhalb des ersten Dreiecks materielle Zustände verkörpern. Nur die drei *Überirdischen* symbolisieren die Struktur des Lebens oder Form an sich.

Die westlichen Kabbalisten gehen davon aus, daß wir uns, nachdem wir die Lektionen der materiellen Erfahrung gelernt haben, auf feinstofflichere Ebenen zurückziehen. Und letztendlich wird dies auch die Schöpfung tun. Der *Urknall* oder die Explosion am Anfang der Phase bringt alles ins Rollen; während eine ebenso starke *Implosion* am Ende des Zyklus die gesamte Schöpfung wieder auf einen Punkt zusammenzieht. Zur Darstellung dieses Pfads der Rückkehr der Menschheit und des Universums wird die Glyphe der Schlange der Weisheit, Nechustan, in den Lebensbaum eingefügt (siehe Abbildung 6 auf Seite 42).

Die Schlange der Weisheit schlingt sich so um den Baum, daß ihr Körper jeden Pfad in der Reihenfolge des Rückwegs kreuzt. Mit ihrem Schwanz bei Malkuth und ihrem Kopf bei Kether gibt sie die korrekte Ordnung der Numerierung der Pfade auf dem Lebensbaum an. Das war einst ein Geheimnis, das nur den Eingeweihten vorbehalten war.

Die Menschen, die sich mit der modernen Kabbalistik befassen, versuchen nicht, den Baum rein verstandesmäßig zu *verstehen*, sondern machen ihn zu einem Teil ihres inneren Lebens.

Die Beziehungen zwischen den Sephiroth

Jede Sephirah stellt zwar an sich einen eigenständigen Faktor dar, kann jedoch nur richtig verstanden werden, wenn sie als Teil eines größeren Ganzen, als ein Element in einem Bezie-

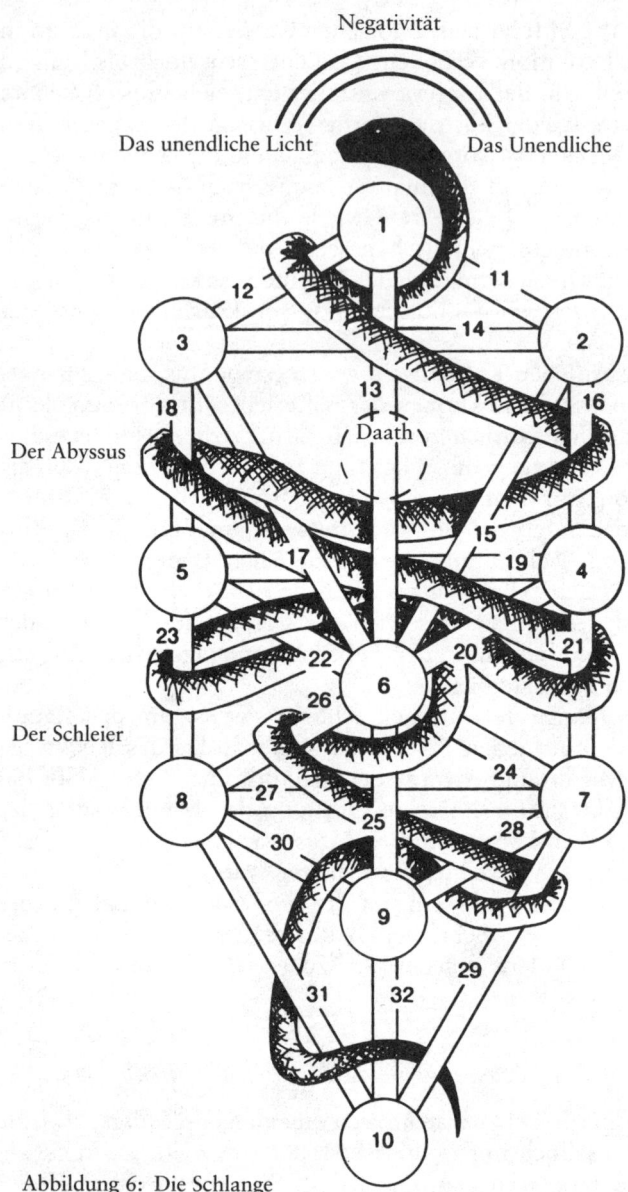

Abbildung 6: Die Schlange

hungsmuster begriffen wird. Innerhalb der Struktur des Lebensbaumes gibt es eine ganze Reihe von wichtigen Mustern, die man sich als Untersysteme innerhalb des Hauptsystems der Glyphe vorstellen kann. Es handelt sich dabei um folgende Muster:

1. Dreiecke:

Auf die Dreiecke, die erste Gruppierung, sind wir bereits eingegangen. Kether, Chockmah und Binah bilden das überirdische Dreieck. Diese drei ersten Sephiroth stehen für die Stadien einer Entwicklungsphase des Universums oder der Menschheit. Wird der Baum als Symbol der Manifestation angesehen, stellt das erste Dreieck die Wurzeln der Existenz dar, steht er hingegen als Sinnbild für die Seele, so symbolisiert es die Wurzeln des Lebens.

Das zweite Dreieck aus Chesed, Geburah und Tiphereth wird oft als ein Spiegelbild des ersten betrachtet – auf dem Kopf stehend und mit vertauschten Seiten. In diesem Fall symbolisiert die linke Sephirah Geburah das dynamische Prinzip, während die rechte Sphäre Chesed die formgebende Kraft verkörpert. Ihre Verschmelzung zu einem Ganzen erfahren sie in Tiphereth, der sechsten Sephirah, dem Ergebnis aus dem Wechselspiel ihrer Gegensätze und dem Ursprung der nächsten Phase. Das zweite Dreieck wird häufig auch ethisches Dreieck genannt, da es die Entwicklung von *Recht und Ordnung* aufzeigt. Im Universum ist dies mit dem Auftauchen dessen verbunden, was sich später als *Naturgesetze* manifestiert. Das Gegenstück auf den Menschen bezogen sind die Anfänge des Bewußtseins, der Sinn für richtig und falsch und der Begriff der Entscheidung.

Netzach, Hod und Jesod – die das dritte und letzte Dreieck bilden – symbolisieren einen weiteren Schritt in der Entwicklung in Richtung Manifestation, wie wir sie verstehen. Auch wenn das dritte Dreieck mit der Spitze nach unten weist (wie das zweite), ist die Polarität seiner Gegensatzpaare wieder vertauscht. Netzach auf der rechten Seite ist positiv, während Hod das formgebende Prinzip ist. Die Sephirah Jesod stellt die Synthese des Dreiecks dar und den Ausgangspunkt für die nächste Phase. Diese dritte Triade wird häufig auch magisches Dreieck genannt. Magie wurde definiert als die Wissenschaft und Kunst der Formgebung für die Anrufung, Konzentration und Lenkung spiritueller Kräfte. Netzach entspricht reiner Elementarenergie – in der Natur oder im Menschen – Hod ist der formgebende Einfluß, der Plan in der Vorstellung Gottes oder konkrete Ideen in den Köpfen der Menschen. Durch die Formgebung hat Hod Kanäle für die Kräfte von Netzach geschaffen. Jesod ist der Schoß, aus dem sie in die materielle Welt von Malkuth, dem Königreich, hineingeboren werden.

2. Die vier Welten:
In der klassischen Kabbalistik werden vier *Welten* oder Seinsbereiche unterschieden, die sich vom Entwurf bis zum Endergebnis erstrecken:

Aziluth	die archetypische Welt	der Entwurf
Beriah	die schöpferische Welt	der detaillierte Plan
Jezirah	die gestaltende Welt	die Ausführung
Assiah	die materielle Welt	das Ergebnis

Das ist eine äußerst nützliche Methode, um sich jeden schöpferischen Prozeß des Menschen oder des Universums vorzustellen.

Dieses Schema kann auf zwei Arten angewandt werden. Zum einen wird der Baum waagrecht unterteilt. Kether stellt dann die Aziluth-Welt dar, während Chockmah und Binah der schöpferischen Welt, Beriah, entsprechen. Die folgenden sechs Sephiroth bilden Jezirah, und Malkuth verkörpert Assiah, die Welt der physischen Materie. Die zweite Anwendungsart dieser Methode ist eine logische Erweiterung der ersten. Kann der Baum in vier Welten unterteilt werden, so kann es auch jeder seiner Teile. Dementsprechend kann man sich auch jede Sephirah in vier Bereiche unterteilt vorstellen: die Möglichkeit, der Idee, die Ausführung und das Ergebnis – oder anders ausgedrückt als Aziluth, Beriah, Jezirah und Assiah.

3. Die Reflektionen:

Ein weiteres, ebenfalls äußerst nützliches Interpretations-system des Lebensbaums sieht folgendermaßen aus: man stellt sich die sieben unteren Sephiroth als drei Reflektionsmuster vor, die jeweils Spiegelbilder von einer der drei Überirdischen sind. Aleph, Mem und Schin sind die drei *Mütter* des hebräischen Alphabets. Aleph wird die *Wurzel der Kräfte der Luft* genannt und Kether zugeschrieben. Mem wird die *Wurzel der Kräfte des Wassers* genannt und Binah zugeordnet. Schin ist bekannt als die *Wurzel der Kräfte des Feuers* und wird Chockmah zugeschrieben. Der Einfluß von Aleph-Kether reflektiert durch Tiphereth und Jesod nach unten zu Malkuth. Mem-Binah wird diagonal zu Chesed und von dort weiter zu Hod reflektiert. Schin-Chockmah wird durch Geburah hindurch weiter zu Netzach reflektiert. Das sind nützliche Hinweise auf die Wirkungsweise der Kräfte (siehe Abbildung 7A).

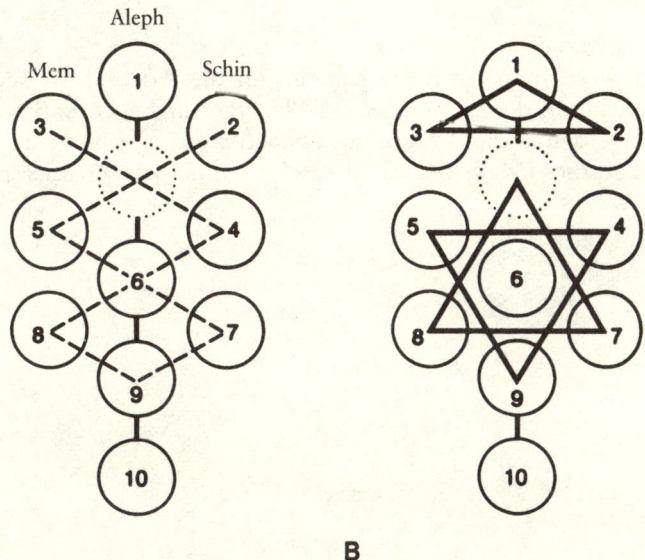

Abbildung 7: Die Reflektionen (A) und das Hexagramm (B)

4. *Das Hexagramm:*
Eine andere Methode, die Sephiroth in ein Muster zu bringen, besteht darin, den Baum des Lebens dynamisch zu betrachten. Das erste Dreieck wird als Quelle angesehen, die ihren Einfluß und ihre Kraft auf einen Punkt zwischen Tiphereth und Kether konzentriert. Durch diese Bündelung der Kräfte entsteht eine unsichtbare Sephirah, die die Rabbis *Daath* oder Wissen nennen. Malkuth steht ganz allein am unteren Ende des Diagramms. Die mittleren Sephiroth werden als die Wirkkräfte in diesem Diagramm betrachtet und als die Punkte eines sechszackigen Sterns oder Hexagramms angesehen. Daath bildet dabei die oberste Spitze und wirkt als Kanal zum Dreieck der Überirdischen, während Jesod (als unterster Punkt) die Energie zu Malkuth weitergibt. Diese Anordnung der Sephiroth stellt die sechste Sephirah, Tiphereth, als Funktionszentrum des Baumes in den Mittelpunkt wie eine Sonne, während die Sephiroth 4, 5, 7, 8 und 9 wie Planeten um sie herum angeordnet sind (siehe Abbildung 7B, Seite 45).

5. *Astrologische Zuordnungen:*
Wir werden später noch genauer auf die Art und Weise der Zuordnung der astrologischen Planeten im Lebensbaum eingehen, damit das Diagramm auch für diejenigen mehr Sinn macht, die sich für die astrologische Symbolik interessieren.

Drittes Kapitel

Der Lebensbaum und seine Kräfte

Der Baum des Lebens ist ein Diagramm, in dem alle Kräfte und Faktoren dargestellt sind, die im Universum und im Menschen wirksam sind. Es gibt keinen Einfluß, keine Eigenschaft und keine Energie, die im Baum nicht dargestellt werden könnte. Alles wird aufgezeigt, der Anfang, das Ende und die Wege dazwischen. So kann man in den zehn Sephiroth und den zweiundzwanzig Pfaden, die sie miteinander verbinden, die Vergangenheit, Gegenwart und Zukunft sehen.

Wir Menschen sind von Natur aus Formgestalter. Wir haben unsere gesamte Vergangenheit damit verbracht, mit der Form zu Rande zu kommen; denn sogar die luftigen Sphären der Mentalebene sind aufgebläht und beschränkend für den Geist. Es ist deshalb nicht verwunderlich, daß die Persönlichkeit – selbst eine komplexe mentale und emotionale Form – abstrakte Kräfte in konkreten Symbolen sieht. Gott erschuf den Menschen nach seinem Ebenbild; und wir machen mit unserer inneren Welt dasselbe – unsere Wahrnehmung von abstrakten Kräften ist personifiziert oder formalisiert je nach dem Niveau unseres derzeitigen Verständnisses.

Die Titanen, die Olympier und die tierköpfigen Götter der Ägypter sind alle vom Menschen erschaffene Formen. Erzengel, Engel, Seraphim und Cherubim, die Elementargeister sowie Feen und Elfen werden personifiziert als geflügelte Wesen, Zwerge, Feuerräder, Feuersäulen und so weiter, je nach der Tiefe unserer Wahrnehmung und den Grenzen unseres Vorrats an geistigen Bildern. Personifizierte Symbole sind im Vokabular des Okkultisten wie Worte. Wie die Worte, die wir im täglichen Leben verwenden, stehen sie stellvertretend für die Wirklichkeiten; Gefahr droht nur, wenn sie für die wirklichen Dinge gehalten werden, die sie versinnbildlichen.

Okkultismus kann nie auf eine Sammlung von starren Formeln reduziert werden. Die menschliche Erfahrung ist ganz individuell, und manche ihrer Aspekte können einzigartig sein. Zwei Menschen reagieren auf eine Erfahrung nie ganz genau gleich. Deshalb macht es wenig Sinn, ein Kabbalabuch mit einer handlichen Sammlung von Sinnbildern herzunehmen und es als Ersatz für persönliche Erfahrung zu verwenden. Ein Buch kann nur dazu dienen, die Richtung zu weisen. Aus diesem Grunde sind die folgenden Abschnitte bewußt allgemein gehalten, und wenn im Text doch spezifische Beispiele gegeben werden, sollte dies als Anregung gewertet werden und nicht als Dogma. Alles hängt sowieso davon ab, wie Sie den Lebensbaum als Ursymbol benutzen.

Die Götter

Unsere frühen Vorfahren personifizierten die Kräfte, die sie in sich selbst und in der Welt um sie herum wahrnahmen. Die Angehörigen der frühen Kulturen, die mehr nachdachten, sannen über die Ursprünge, über Ursache und Wirkung und über unsere Interaktion mit unserer Umwelt nach. Aus dem Schatz an geistigen Bildern und Gedanken entstanden ihre Götter. Der durchschnittliche Mensch betrachtete sie als allmächtige Wesen mit übernatürlichen Tugenden (und manchmal auch Lastern!); aber für den bewußteren Menschen waren sie Verkörperungen der Kräfte und Faktoren im Menschen und im Universum.

Alle Götter der Schöpfung, aus welchem Pantheon auch immer, können bedenkenlos Kether, der ersten Sephirah, zugeordnet werden. Die Götter der Kraft, die die rohe Kraft in Aktion darstellen, die Urdynamik, können Chockmah zugeschrieben werden, während der Begriff der Formgebung, des Gebärens oder der archetypischen Mutterschaft in der Gestalt der großen Mutter-Göttinnen mit Binah assoziiert werden kann. Aus diesen drei großen Urbegriffen entsteht alles, was folgt.

Chesed steht für den Begriff der Ordnung und der Harmonie, die aus Kultur im eigentlichen Sinne entsteht, als eine

Übung in vollkommener Zusammenarbeit und gegenseitigem Wohlwollen. Chesed ist der perfekte Verwalter der unsichtbaren Wirklichkeit. Man könnte sie sich auch als die erste Manifestation des *perfekten Planes* vorstellen. Beim Menschen stellt diese Sphäre einen Aspekt des höheren Selbst dar, den Faktor, der den Willen des Geistes formt. Aus all dem Gesagten folgt, daß die Chesed zugeschriebenen Götter Wesen sein müssen, die ausgeglichene Kraft, weise und gütige Herrschaft und die höheren Ideale der Ordnung verkörpern.

Geburah ist das Gegenstück zu Chesed. Ihre Prinzipien sind die des heiligen Krieges – im streng wörtlichen Sinne. Jeder Kriegsgott, der sich für die Zerstörung des Bösen und überkommener Formen einsetzt, kann Geburah zugerechnet werden. Ein Name dieser Sephirah, Pachad (Furcht), wird manchmal mißverstanden. Grausamkeit und Furcht vor Gewalt haben nichts mit dieser Sphäre zu tun, denn sie sind Übel. Pachad bedeutet (wenigstens meiner Ansicht nach) Furcht vor dem Gesetz, denn Furcht vor dem Gesetz ist der Anfang der Weisheit, wenn *Furcht vor* als *Ehrfucht vor* oder *Respekt für* das Recht und die Macht Gottes oder des Geistes des Menschen interpretiert wird. Geburah ist der große Erneuerer, denn sie zerstört, um den Weg frei zu machen für die wahren Werke des Geistes.

Tiphereth ist der Vermittler, der Geburah und Chesed miteinander in Einklang bringt und wird manchmal auch Schönheit genannt. Schön ist sie, die Sphäre von Schemesch, der Sonne, aber nicht *hübsch*. Ihre Pracht ist die der Sonne, ihres Symbols, und ihre Harmonie rührt von dem Gleichgewicht unglaublicher Kräfte her. Sie ist auch die Sephirah des wahren Opfers, das die Umwandlung der Kraft von einer Ebene auf die andere ist. Dieser Sphäre werden die Götter der Heilung zugerechnet.

Das scheint solange seltsam, bis man die Auswirkungen der erwähnten Vorgänge in Betracht zieht. Heilen bedeutet *ganz machen*, das Ausgleichen eines aus dem Gleichgewicht geratenen Systems, und dies fordert unweigerlich ein Opfer, welcher Art auch immer; es macht wenig Unterschied, ob es dem Skalpell des Chirurgen zum Opfer fällt oder dem tiefen Vordringen des Psychiaters. Die Heilung der Seele oder Regeneration ist ein anderes wichtiges Beispiel, bei dem falscher Glanz und Selbsttäuschung von der Sonne Tiphereths verzehrt und in spirituelles Gold umgewandelt werden, was zur Folge hat, daß die Seele der Menschheit *ganz gemacht* wird.

Im untersten Dreieck des Baums symbolisieren die Götter Dinge, die unserem normalen Verständnis näherliegen. Netzach stellt die perfekte Beziehung dar, auf der waagrechten Ebene zwischen Menschen, Kräften oder Mechanismen oder senkrecht betrachtet zwischen einer Ebene der Manifestation (oder des Bewußtseins) und einer anderen Ebene. Die Götter Netzachs sind also Götter der Polarität. Venus und Aphrodite sind die Göttinnen der Liebe in der römischen und griechischen Mythologie. Doch die wirkliche Deutung der Symbolik muß von der Polarität auf allen Ebenen her erfolgen – nicht nur von der rein physischen Ebene des Sexes aus.

In Netzach befindet sich auch die *Lampe des okkulten Wissens*, ein Symbol, das die akkumulierte Weisheit des Menschen auf seiner lebenslangen Suche nach dem Licht verkörpert. Dies mag verwirrend wirken, bis man sich der diagonalen Reflektionen innerhalb des Baumes bewußt wird. Chockmah reflektiert durch Geburah hindurch in Netzach hinein. Diese Tatsache mag für den Okkultismusschüler einen ganz neuen Aspekt ins Spiel bringen.

Hod gilt im allgemeinen seiner Struktur nach als formal und mental, im Gegensatz zu dem emotionalen Erscheinungsbild Netzachs. Wenn Netzach die unbewußten, emotionalen und künstlerischen Triebe darstellt, dann symbolisiert Hod die bewußte, verstandesorientierte und wissenschaftliche Lebensweise. Aus diesem Grunde wird Hod auch in Zusammenhang mit der formalen Magie – dem zeremoniellen Okkultismus – gesehen.

Jeder Vorgang, bei dem eine Kraft durch *Mitfühlen* übermittelt wird (sympathische Induktion), könnte Netzach zugeschrieben werden; jede zeremonielle Anrufung oder Beschwörung, sei es nun bei der christlichen Messe oder bei der Initiationszeremonie einer geheimen Loge, ist hingegen ein Vorgang, der zur Sphäre Hod gehört. Allerdings besitzt jede

Sephirah darüber hinaus noch eine Vielzahl tiefergehenderer Aspekte, auf die in diesem Buch leider nicht eingegangen werden kann. Im Grunde stellt jede Sephirah einen Aspekt Gottes dar. Auf Hod wirken die diagonalen Reflektionen von Chesed ein, das die Kraft Binahs umwandelt. Hod wiederum wandelt den Einfluß des Urwassers um, wie Netzach das Urfeuer manifestiert. Hods Förmlichkeit hat nichts mit dem nichtssagenden Abhalten von Ritualen um der Rituale willen zu tun, sondern mit der Kraft der großen Mutter der Form. Die Götter Hods sind Symbole für Energie in fester Form. Merkur, Hermes und Toth sind alles Herren der Magie, Meister in der Kunst der Wissenschaft, große Lehrer und Boten.

All diese Einflüsse fließen in die neunte Sephirah, Jesod, ein, die Sphäre des Mondes, Bereich der großen, aber verborgenen Welt der Ursachen unmittelbar hinter dem physischen Leben. Aufgrund der unvorstellbaren Festigkeit dieses Fundaments des Lebens können ihr die titanischen Götter und Helden zugeordnet werden; zwei, die ganz sicher zu dieser Sphäre gehören, sind Atlas und Herakles. Die Mondgötter (und vor allem göttinnen) werden ebenfalls Jesod zugerechnet. Traditionell ist der Mond der Herrscher über die Unterwelt der Ätherregion, deren innere Gezeiten dem Ruf des Mondes folgen, wie die Gezeiten des Meeres. Der Mond hat viele Phasen, und Hekate – die Göttin der Hexenkunst und Unfruchtbarkeit – herrscht über die dunkle Phase, gerade wie die hellen und fruchtbaren Aspekte von Isis oder der ewig jungfräulichen Diana über die hellen Phasen dominieren.

Wie bei allen Sephiroth des Lebensbaums sollen die Okkultismusschüler auch der Sphäre Jesod, ihrem eigenen Verständnis der Sephirah und des Gottes entsprechend, Götter zuordnen; und es bleibt zu hoffen, daß sich mit eingehenderer Beschäftigung ihr Verständnis vertieft. Pan kann beispielsweise sowohl Chockmah, Jesod, Netzach oder Malkuth zugerechnet werden, je nachdem welcher Aspekt des Gottes betrachtet wird. Es besteht ein großer Unterschied im Niveau zwischen der männlichen Potenz des Universums in Chockmah und dem vertrauteren Hirten- und Waldgott Pan in Malkuth. Auch die große weibliche Kraft hat unzählige Erscheinungsformen.

Wenn einmal ein bestimmter Punkt erreicht ist, haben formale Anweisungen wenig Zweck. Nur die Erfahrung kann dann den richtigen Weg weisen.

Endlich kommen wir zu Malkuth, der untersten Sephirah des Lebensbaums. Wenn Kether das Alpha ist, ist Malkuth das Omega. Doch die Evolution verläuft zyklisch, nicht linear. Malkuth verkörpert weniger das letzte Glied in einer Kette als einen Punkt auf einem Kreis. Den Okkultismusschülern, deren falsches Verständnis sie zu dem Glauben verleitet hat, Materie sei schlecht, seien die Worte ins Gedächtnis gerufen: »Ich bin das Alpha *und das Omega*, sprach der Herr.« Malkuth symbolisiert das materielle Universum, und die Götter und Göttinnen verkörpern dessen Eigenschaften. Manche sind Götter der Fruchtbarkeit, andere gehören den uralten Kräften der Erde an, die Felsen und Flüsse, Berge und Seen entstehen ließen. Demeter und Ceres, Göttinnen des Getreides und des Ackerbaus, Vulcanus, Gott des unterirdischen Feuers, der Waldgott Pan und die leuchtende und fruchtbare Isis sind alle in Malkuth vereint.

Viele Okkultisten haben sich vom christlichen Glauben abgewandt und sich ausschließlich auf jüdische Gottheiten und die heidnischen Pantheons konzentriert. Manche verunglimpfen die christliche Botschaft sogar als »nur für die Massen geeignet«. Es ist schwierig, sich mit Ignoranz in dieser Größenordnung auseinanderzusetzen; wahrscheinlich ist es eine Frage des Wachstums, denn welche bessere und vollkommenere Veranschaulichung von Malkuth könnte es geben, als Jesus Christus in seiner Gestalt als überragendster und zugleich archetypischer Mensch?

Die Erzengel und Engel

Die jahrhundertelange Verwendung des Lebensbaums und seiner Sephiroth durch Eingeweihte der westlichen Tradition hat eine Vielzahl von Symbolsystemen um ihn herum entstehen lassen. Aber als der kabbalistische Baum und sein System ursprünglich aufgezeichnet wurde, war da nicht viel mehr als ein Diagramm und ein paar grundlegende Zuordnungen. Das hebräische System ist natürlich streng monotheistisch; das Pantheon der Götter wird ersetzt durch zehn Erzengel und zehn Engelschöre.

Die Doktrin der vier Welten wurde bereits erwähnt. Die Kraft der Gottheit selbst wirkt in der Aziluth-Welt, die der Erzengel in der Beriah-Welt, und die Engelschöre sind die göttlichen Stellvertreter in Jezirah, während in der Assiah-Welt, der Ebene der stofflichen Materie, die Schöpfung in Form von acht Planeten und zwei kosmischen Prinzipien verkörpert ist. Die Planeten sollten eher im astrologischen Sinne verstanden werden als als physische Objekte. Manche der Attribute, die mit den Sephiroth assoziiert werden, rühren von den astrologischen Eigenschaften der Planeten her. Eine kritische Untersuchung der astrologischen Definitionen kann dem Interessierten zusätzlichen Aufschluß über die Bedeutung der Sephiroth in der persönlichen Entwicklung geben. Aber es sollte immer klar sein, daß die astrologischen Entsprechungen nur einen Teil der Bedeutung der Sephiroth darstellen.

Jede Sephirah steht außerdem unter dem Einfluß eines der zehn heiligen Namen Gottes. Manche Namen sind Ihnen vielleicht aus dem Alten Testament bekannt. Jeder Name ist eine Formel für sich und ein äußerst vielversprechendes Objekt für die Kontemplation und Meditation. Die Namen sind in Tabelle 3 aufgeführt.

Tabelle 3: Die zehn heiligen Namen Gottes

Sephirah	Name	Bedeutung
1	Ehejeh	Ich bin (oder ich werde sein)
2	Jehovah	Gott (das Wort)
3	Jehovah Elohim	Gott (der Schöpfer)
4	El	Gott (der Herr)
5	Elohim Gibor	Gott der Schlachten
6	Eloah Va Daath	Der sich im höheren Verstand manifestierende Gott
7	Jehovah Zebaoth	Herr der Heerscharen
8	Elohim Zebaoth	Gott der Heerscharen
9	Schaddai El Chai	Allmächtiger, lebendiger Gott
10	Adonai Melech, Adonai Ha Arets	Herr und König, Herr der Erde

Die Erzengel werden im allgemeinen als höhere Wesen betrachtet, die in einer früheren Evolutionsphase Vollkommenheit erlangt haben. Die Engel haben Namen, die sehr aufschlußreich sein können. Man stellt sich diese Wesen am besten als intelligente Kraftkomplexe der Sphären vor, mit denen sie verbunden sind. Jeder Engelstypus hat eine genau definierte Funktion, einen ganz speziellen Aktions-Reaktionskomplex. Die Zuordnung der Erzengel und Engel zu den 10 Sephiroth entnehmen Sie bitte Tabelle 4 auf Seite 55.

Kommen wir schließlich zu den weltlichen Ausprägungen der Sephirothkräfte – ihren Symbolen in der Assiah-Welt –, die da sind:

1. Primum Mobile – erste Bewegung
2. Der Zodiak
3. Saturn
4. Jupiter
5. Mars
6. Sonne
7. Venus
8. Merkur
9. Mond
10. Erde

Doch die enzyklopädischen Kenntnisse der kabbalistischen Symbolik sind für sich allein genommen von geringem Nutzen. Was hier *geschrieben* steht, ist nur ein Beispiel, ein Vorschlag, ein Hinweis. Was wirklich *nötig* ist, ist ein intuitives Wissen um die tiefen Bedeutungen, die den Symbolen innewohnen, und ihre Relevanz für das Leben. Das ist die wahre kabbalistische Weisheit, zu der man nur durch Erfahrung gelangt.

Tabelle 4: Erzengel und Engel im Baum des Lebens

Sephirah	Erzengel	Engel
1	Metatron	Chajoth ha Qadesch – die heiligen Kreaturen
2	Raziel	Ophanim – die Räder
3	Zafkiel	Erelim – die Throne
4	Zadkiel	Chaschmalim – die Glanzwesen
5	Kamael	Seraphim – die flammenden Schlangen
6	Rafael	Melachim – die Könige
7	Haniel	Elohim – die Götter
8	Michael	Bene Elohim – die Söhne der Götter
9	Gabriel	Cherubim – die Starken
10	Sandalphon	Ischim – die Feuerseelen

Die Pfade

Die zehn Sephiroth und die zweiundzwanzig Pfade, die sie miteinander verbinden, bilden zusammen die *32 Pfade der Herrlichkeit*, aus denen sich der Baum des Lebens zusammensetzt. Wenn die Sephiroth Seinszuständen im Makrokosmos und Bewußtseinsstadien im Mikrokosmos entsprechen, was sind dann die Pfade? Man stellt sie sich am besten als eine Folge von Erfahrungen vor. Nehmen wir einmal an, eine Zuckerlösung sei auskristallisiert. Der erste Zustand ist flüssig; der Endzustand ist fest. Die Folge von Erfahrungen, die die Komponenten während der Umwandlung des Aggregatzustandes durchmachen, stellen den Pfad zwischen festem und flüssigem Zustand dar. Dieselbe Vorstellung läßt sich auf die Sephiroth des Baumes übertragen.

Die Pfade, die mit dem Verlauf des Lichtblitzes zusammenfallen, haben eine besondere Bedeutung, denn sie bilden die *Erfahrungssequenz*, die während des Stadiums der Involution oder *Hinein-Entwicklung* in die Materie und zum Bewußtsein hin durchlaufen wird. Die anderen Pfade kann man sich am besten als Folgen von Erfahrungen im menschlichen Bewußtsein während seiner Evolution von einem Bewußtseinszustand (oder einer Sephirah) zum nächsten vorstellen.

Wahrscheinlich ist es am besten, wenn wir unangemessene Spekulationen über das Wesen der Pfade auf später verschieben, wenn ein geeignetes Maß an Erfahrung erreicht wurde. Es gibt jedoch keinen Zweifel darüber, daß die Pfade unter ihrem subjektiven Aspekt eine kollektive Erfahrung in der Evolution der Seele darstellen; und als solche spielen sie sicherlich ein Rolle bei bestimmten Formen praktischer okkulter Arbeit.

Die überirdischen Pfade

Die abstrakteste Ebene des Baumes ist das erste Dreieck aus Kether, Chockmah und Binah. Daraus folgt natürlich, daß die Pfade zwischen diesen Sephiroth von zentraler Bedeutung sein müssen. Die gewaltigen Erfahrungsspuren, die der erste Abstieg in die Materie im Universum und das erste Dämmern des Bewußtseins in der Seele hinterlassen, stellen die innerste Struktur der Existenz dar. Die Pfade 11, 12 und 14 verbinden die drei überirdischen Sephiroth zum Urdreieck, und die Pfade 11 und 14 fallen mit dem Lichtblitz zusammen und haben deshalb eine ganz besondere Bedeutung. Der 13. Pfad wird oft als Schlüssel zur höheren Mystik angesehen, der die Seele (verkörpert durch die mittleren Sephiroth) und die spirituelle Quelle von Kether vereint. Dieser Pfad stellt zusammen mit den Pfaden 15, 16, 17 und 18 die Verbindung zwischen dem Dreieck des Geistes und der Welt der Seele her.

Die ethischen Pfade

Chesed, Geburah und Tiphereth bilden das sogenannte ethische Dreieck, da sie die höheren Aktivitäten der Seele versinnbildlichen. Das Dreieck setzt sich aus den Pfaden 19, 20 und 22 zusammen, wobei der 19. und 22. Pfad mit dem Lichtblitz zusammenfallen. Die Vorstellung von dem abstrakten Verstand wird ganz eindeutig mit diesem Dreieck verbunden.

Tiphereth mit seiner zentralen Position im Baum ist gleichzeitig Mittelpunkt und Verzweigungsstelle. Von dieser Sephirah strahlen Verbindungslinien zu den konkreteren Aspekten der Seele aus und zwar die Pfade 24, 25 und 26. Davon muß besonders der 25. Pfad hervorgehoben werden, da er zusammen mit dem bereits vorher erwähnten 13. Pfad und dem letzten Pfad, dem 32., den inneren Bewußtseinskern des Lebensbaums bildet, die große Straße zum Licht, die Pfade des Saturn (32.), der Wüste (25.) und der Hohepriesterin (13.).

Die magischen Pfade

Es sind die unteren Regionen der Seele, in der sich die *magischen* Vorgänge abspielen. Bei der Magie handelt es sich um eine Reihe von Techniken (nichts weiter), die dazu dienen sollen, Strukturen oder Formen zu schaffen, um die Kraft aus den *höheren* Ebenen des Baums in die materielle Welt zu channeln. Wenn die Richtung dieser Kraft mit der Evolution übereinstimmt, ist die Magie weiß; wenn nicht, ist sie schwarz.

Die Sephiroth Netzach, Hod und Jesod bilden dieses Dreieck, das bisweilen auch das Dreieck der Persönlichkeit genannt wird und vom 27., 28. und 30. Pfad begrenzt wird. Wieder stimmen zwei der Pfade mit dem Verlauf des Lichtblitzes überein und von diesen beiden ist besonders die Nummer 27 von Bedeutung für unser psychologisches Gleichgewicht, denn er bildet eine wichtige Querverbindung in unserer Persönlichkeit.

Die Pfade 29, 31 und 32 treffen sich alle in der letzten Sephirah, Malkuth. Der letzte Pfad, manchmal auch der *schreckliche 32. Pfad* genannt, wurde bereits vorher kurz erwähnt. Auch dieser ist einer der Pfade, die zusammenfallen mit der absteigenden unwillkürlichen Dynamik des Lichtblitzes; aber er spielt auch in der mystischen Evolution des Kandidaten für die Mysterien eine wichtige Rolle. Aus der Sicht der Evolution stellt Jesod den nächsthöheren Seinszustand nach Malkuth dar. Demnach ist der 32. Pfad der erste der mystischen Pfade, der von einem Eingeweihten auf seiner Reise auf dem großen Pfad der Rückkehr beschritten wird. Hier machen wir den ersten Übergang von der Erfahrung des Verstandesbewußtseins zum ersten Wissen der Seele. An dieser Stelle werden die Kandidaten gewarnt davor, daß wer »auch nur einen Schritt

auf diesem Pfad macht, ihn unweigerlich zu Ende gehen
muß.« Nach dem 32. Pfad kommt die Erfahrung der Wüste
und danach die des leeren Raumes. Möchtegerneingeweih-
ten, die sich ein faszinierendes und glanzvolles Leben voller
aufregender Magie vorstellen, sei die Lektüre der aus dem
16. Jahrhundert vom heiligen Johannes vom Kreuz stammen-
den Schriften über die dunkle Nacht der Seele empfohlen.[3]
Sollten sie danach zu der Überzeugung gekommen sein, daß es
das nicht ist, was sie wollen, bliebe uns allen ein Haufen Ärger
erspart.

[3]   St. John of the Cross (ins Englische übersetzt von Peers, E. Allison): *Dark
     Night of the Soul.* London: Burns & Oates 1953.

Viertes Kapitel

Glyphen und Tempel der Sephiroth

Die Symbolik ist ein Mittel zu einem Zweck und kein Selbstzweck. Feststellungen dieser Art wurden so oft von so vielen Leuten gemacht, daß man sie eigentlich inzwischen als selbstverständlich voraussetzen können müßte; doch so mancher Neuankömmling in der Welt des Okkultismus läßt sich immer noch von dem äußeren Drumherum blenden und verliert dabei die Wirklichkeit aus den Augen, die das Symbol verkörpert. Es ist eine merkwürdige Tatsache, daß viele Esoterikschüler, die hartnäckig abstreiten würden, daß sie sich selbst mit ihrem physischen Körper verwechseln, sich völlig verstricken in Ritualen, Kraftwörtern, Atemübungen oder speziellen Positionen und die tiefere Bedeutung von dem, was sie so gewissenhaft mit ihren spirituellen Utensilien vor sich selbst darstellen wollen, nicht erkennen.

Regeneration oder der Prozeß, einen neuen Menschen aus sich zu machen, wird ganz treffend mit einer Reise verglichen, und das Gelände kann sich dabei immer wieder verändern. Manchmal kann ein Auto benutzt werden, ein anderes Mal ist die Straße ein schmaler Weg, den man nur zu Fuß gehen kann. Bisweilen muß man auf der Reise auch gefährliche Kletterpartien unternehmen, und zweifellos gibt es auch Zeiten, in denen ein Hubschrauber das beste Fortbewegungsmittel sein könnte. Die verschiedenen Methoden des Okkultismus sind Transportmittel auf dieser Reise. Man wählt eine Methode, wenn die Umstände ihren Einsatz erfordern und legt sie, wenn nötig, wieder beiseite, wenn eine andere Methode geeigneter erscheint. Alle zusammen sind effektive Hilfsmittel und wertvolle Mittel zu einem Zweck. Doch wer würde sie – sogar in diesen Tagen der seltsamen Götter – tatsächlich mit seinem Auto verwechseln?

Sicherlich bereitet einem das Lernen von Zeichen und Symbolen tiefe Befriedigung, und im ersten Begeisterungsrausch ist es nur allzu einfach, das Ziel aus den Augen zu verlieren. Ein gewisses Maß an Herumprobieren, »nur um zu sehen, was passiert«, ist für jeden normalen Interessierten ganz natürlich und richtet selten dauerhafte Schäden an (allerdings nützt es andererseits auch wenig). Die wirkliche Gefahr, vor der man sich in acht nehmen sollte, besteht darin, seinen inneren Weg im Irrgarten eines komplexen Systems mit all seinen herrlichen geistigen Puzzles und Rätseln zu verlieren. In einer bestimmten rituellen Initiation wurde der Kandidat davor gewarnt, »nicht im verwinkelten Labyrinth des niedrigen Geistes umherzuwandern.« Das ist ein guter Ratschlag.

Die erste Frage, die sich ein Schüler stellen sollte, bevor er mit den Symbolen der Sephiroth zu arbeiten beginnt, ist »Warum?« Ganz zu Anfang sind die praktische Übung und das Vertrautmachen mit den Symbolen sicher ausgezeichnete Gründe. Doch wenn dann schließlich ein solides Grundwissen erworben wurde, stellt sich die Frage der Anwendung aufs Neue. Symbole wirken auf den inneren Ebenen, und zwar entweder als Energieumwandler oder als *Tore*. Im ersten Falle scheint der wiederholte Kontakt einen Kanal zwischen den inneren und den äußeren Ebenen entstehen zu lassen, was bedeutet, daß der Heilungs- oder Ganzwerdungsprozeß begonnen hat. Im zweiten Falle trägt das Symbol eine innere Wahrheit in sich, die, sobald sie erkannt wird, ein Hindernis beseitigt oder ein Tor zu einer neuen Ebene der Lebenserfahrung in der Umwelt des Menschen öffnet. Symbole sind Wirklichkeiten in der inneren Welt und sollten nicht leichthin benutzt werden. Andererseits sollte jedoch auch Aberglauben vermieden werden. Symbole können gewaltige Wahrheiten beinhalten und die Freisetzung unglaublicher Kräfte bewirken – allerdings kann das auch Rizinusöl!

Natürlich ist es möglich, komplexe Tabellen mit allen symbolischen Entsprechungen der Sephiroth zu erstellen, in denen alle bekannten Götter, Göttinnen, Helden, Engel, Erzengel, Elementargeister, Töpfe, Pfannen, Besen und sogar die Küchenspüle zu einer oder mehreren Sphären des Lebensbaumes zugeordnet werden. Aber das ist aus verschiedenen Gründen, die inzwischen klar sein sollten, wenig sinnvoll. Deshalb werden im folgenden Text die wichtigsten Symbole nur in groben Zügen angeführt, und wir überlassen es Ihnen, weitere Symbole und Ausschmückungen nach Ihrem Gutdünken hinzuzufügen.

Farben und magische Bilder

Traditionell wird mit jeder Sephirah eine Farbe und ein besonderes personifiziertes Symbol verbunden, das als ihr magisches Bild angesehen wird. Farben sind die Energie der inneren Welten. Tatsächlich gibt es vier verschiedene Farbskalen, nämlich eine für jede der vier *Welten*: Aziluth, Beriah, Jezirah und Assiah.

In der Praxis ist der Gebrauch der Farben einfach. Die Farbskala der Beriah-Welt eignet sich für die meisten Zwecke, wenigstens in den Anfangsstadien des Kontaktes mit dem Lebensbaum. Die vier Welten können als vier Schöpfungsstadien angesehen werden – ob Sie dabei eine Garage bauen oder das Universum erschaffen, macht keinen wirklichen Unterschied.

Aziluth: die Idee
Beriah: der Plan
Jezirah: die Ausführung
Assiah: das Ergebnis

Die Farbskala der Beriah-Welt wird auch zur Meditation verwendet, denn sie verkörpert den Plan der Dinge, bevor man mit den Schwierigkeiten in der materiellen Welt konfrontiert wird. Demnach ist die Beriah-Welt, weil sie perfekt ist, eine ideale Ausgangsbasis für die geistige Beschäftigung mit dem Baum. Wir werden also mit einer Farbenpalette arbeiten, die wie folgt aussieht:

Kether: glänzend weiß
Chockmah: perlgrau
Binah: schwarz
Chesed: blau
Geburah: scharlachrot
Tipheret: gelb
Netzach: smaragdgrün
Hod: orange
Jesod: violett
Malkuth: zitronengelb, olivgrün, rostbraun, schwarz

In Malkuth ist der die Sephirah darstellende Kreis diagonal
geviertelt, wobei Zitronengelb in Richtung Jesod zeigt, Olivgrün in Richtung Netzach und Rostbraun in Richtung Hod.
Das schwarze Viertel zeigt nach unten.

Die magischen Bilder, die einst vor den Uneingeweihten ge-
heimgehalten wurden, werden als Summe der wichtigsten
Qualitäten der einzelnen Sephiroth angesehen. Die traditionellen Formen sind:

Kether: ein alter bärtiger König, im Profil dargestellt
Chockmah: eine bärtige männliche Figur
Binah: eine Mutterfigur
Chesed: ein mächtiger König mit Krone und Thron
Geburah: ein mächtiger Krieger in seinem Streitwagen
Tiphereth: ein majestätischer König, ein Kind,
    ein geopferter Gott
Netzach: eine wunderschöne nackte Frau
Hod: ein Hermaphrodit
Jesod: ein schöner, nackter, sehr starker Mann
Malkuth: eine junge Frau mit Krone und Thron

Das sind also die magischen Bilder, die uns überliefert wurden.
Aber erinnern Sie sich daran, daß die Kabbala ein System ist,
das sich ständig entwickelt. Deshalb ist es zum Beispiel eine
gute Übung für Sie, geeignete neue Bilder für diese Ideen zu
finden. Schließlich haben sich die Zeiten geändert; was sich ein
alter Rabbi unter einer wunderschönen nackten Frau oder

einem sehr starken und schönen nackten Mann vorgestellt hat, muß nicht unbedingt mit ihrer Vorstellung übereinstimmen. Achten Sie darauf, daß die von Ihnen gewählten Bilder den grundlegenden Wesenszügen der Sephirah gerecht werden. Ein mächtiger Krieger in seinem Streitwagen ist auch heute noch ein sehr eindrucksvolles Bild, während ein hartgesottener Panzerkommandant im Ausguck seines Fahrzeugs nicht unbedingt ein passender Ersatz sein muß, auch wenn es sich um ein moderneres Bild handelt.

Das magische Bild von Hod, ein Hermaphrodit, bringt uns möglicherweise in Schwierigkeiten. Das Bild, das hier vermittelt werden soll, ist nicht das einer sexuellen Anomalie oder eines Freaks, sondern die Vorstellung einer Person, die sowohl weibliche als auch männliche Seeleneigenschaften in sich vereint – Zärtlichkeit und Stärke, Tränen und Härte, Verstand und Gefühle.

Sie werden bemerkt haben, daß Tiphereth drei Bilder zugeordnet sind - ein Kind, ein König und der gekreuzigte Gott. Das sind drei Stadien in der Ausbildung des Adepten, die Ihnen klarer werden, wenn Sie erst zu einem geworden sind! Machen Sie sich Ihre Gedanken über diese Dinge. Lassen Sie Ihre *eigene* Phantasie spielen, dann wird der Baum in Ihnen zum Leben erweckt werden.

Um die Symbolik der Sephiroth, also die Symbole, Namen und so weiter effektiv nutzen zu können, sollten sie zuerst im Zusammenhang und dann erst einzeln betrachtet werden. Danach sollten sie zu einem kombinierten Gesamtsymbol zusammengesetzt werden, mit dem dann mit kontemplativen und meditativen Techniken gearbeitet wird. Ziel ist es, zu einer Synthese zu kommen, das heißt, eine Vorstellung oder ein *Gefühl* mit jeder Sphäre zu verbinden.

Nehmen wir einmal Tiphereth als Beipiel: die Zahl dieser Sephirah ist 6; ihre Farbe in der Farbskala von Beriah ist gelb. Sie ist die Sphäre der Sonne, und ihr magisches Bild setzt sich aus drei Figuren zusammen – dem majestätischen König, dem Kind und dem geopferten Gott. Die am häufigsten mit Tiphereth assoziierten Symbole sind die Sonne, das griechische und das christliche Kreuz, der Würfel, der Pyramidenstumpf und das *Lamen*. Das Lamen ist traditionell ein Symbol auf der Brust des Adepten. Die Zahl und die Farbe bilden die Ausgangsbasis, und jede Symbolfigur, die man sich zu der Sephirah vorstellt oder aufzeichnet, sollte darauf beruhen. Das magische Bild ist häufig uralt, was in vielen Fällen bedeutet, daß es eine grundlegende menschliche Erfahrung darstellt. In gewissem Sinne ist es ein Archetyp, und diese Tatsache verleiht den meisten dieser Glyphen, auch weil sie jahrhundertelang bei okkulten Praktiken eingesetzt wurden, eine beträchtliche latente Kraft. Im Falle von Tiphereth besteht das magische Bild aus drei Symbolen, die drei Phasen oder Ebenen der Erfahrung bedeuten. Bei der Arbeit mit dieser Sephirah sollte immer nur jeweils ein Aspekt herausgegriffen werden. Darüber hinaus ist man natürlich auch nicht gezwungen, alle Symbole zu verwenden. Die meisten Leute merken, daß sie ein oder zwei Symbole besonders ansprechen, während andere ihnen wenig sagen; und manche Symbole können einem auch ziemlich irrelevant erscheinen. In unserem Beispiel konzentriert man sich bei der Meditation und Kontemplation am besten auf die Kreuzessymbolik und die Bedeutung des Pyramidenstumpfes, der das Symbol für den Adeptus minor (*Kleinerer Schüler*, 5. Grad bei den Gold- und Rosenkreuzern) ist, den traditionellen Grad von Tiphereth. In der westlichen esoterischen Tradition wird unter einem Grad ein Schritt auf dem Pfad zum Licht verstanden. Jeder höhere Grad ist ein Schritt näher an die Wirklichkeit und weiter weg von der Illusion.

Das Zusammenfassen in eine Glyphe – ein Gesamtsymbol – ist eine Frage des persönlichen Geschmacks. Eine dieser Glyphen von Tiphereth konzentriert sich zum Beispiel auf den Opferaspekt und stellt eine Kreuzigungsszene dar, bei der das Kreuz auf der flachen Oberseite des Pyramidenstumpfes ruht. Die Farbe des Hintergrundes ist ein mattes Schwarz, während die Konturen der Pyramide und des Kreuzes gelb sind. Von dem Kreuz strahlen große gelbe Lichtstrahlen zu der sechseckigen Begrenzung der Glyphe aus. Das Ganze ist vor allem sehr eindrucksvoll. Bei einer anderen Glyphe steht das griechische Kreuz im Mittelpunkt, das in eine räumliche Figur eingeschlossen ist, die von einem Sechseck gebildet wird, dessen gegenüberliegende Punkte jeweils durch gestrichelte Linien verbunden sind. Das Kreuz und die Pyramide sind gelb mit schwarzer Umrandung, und von ihnen gehen gelbe Lichtstrahlen durch die dünnen schwarzen Linien, die die Figur begrenzen. Die Sonnensymbolik ist in Tiphereth natürlich äußerst stark, und einige eindrucksvolle Glyphen bauen darauf auf. So stellt zum Beispiel ein *in die Strahlen der Sonne gekleidetes* Kind ein äußerst kraftvolles Sinnbild dar, doch es ist schon ein gutes Maß an künstlerischen Fähigkeiten nötig, um diese Form der Darstellung wirklich effektiv zu machen. Die sinnbildliche Darstellung des *Königsaspekts* von Tiphereth verlangt nach der Figur eines majestätischen Königs (was schon einiges an zeichnerischem Geschick erfordert). Doch es gibt viele passende Bilder und Zeichnungen, die man ausschneiden oder abzeichnen kann, um die gewünschte Figur zu erhalten.

Magische Glyphen können sehr einfache Formen haben oder aber anspruchsvolle Kunstwerke sein. Das Wichtigste dabei ist, daß kein einziges Detail davon bedeutungslos ist.

Die Tempel der Sephiroth

Jede Sephirah kann als *Sitz* einer bestimmten Art von Energie oder Bewußtseinsform angesehen werden. Durch die vielen Menschen, die sich gedanklich in Meditation und Ritualen jahrhundertelang mit ihnen beschäftigt haben, wurde jedes der zehn kabbalistischen Kraftzentren zumindest bis zu einem gewissen Maße formalisiert. Diese Formen kann man sich als komplexe dreidimensionale Glyphen oder Symbolgruppen vorstellen, in die die Gedanken sich hineinbegeben und darin herumspazieren können, wie es ihnen gefällt. Sie werden die Tempel der Sephiroth genannt.

Wir sind gestaltende Wesen und leben in einer dreidimensionalen Welt. Deshalb ist auch unsere Symbolik in ihrer vollendetsten Form dreidimensional. Die Glyphen der Sephiroth können zur Kontemplation und Meditation benutzt werden, um uns auf eine Kraft einzustimmen oder um eine geistige Vorstellung von ihrem Wesen zu bekommen. Die Tempel der

Sephiroth werden hingegen zu der *Arbeit mit* den Energien einer Sphäre des Baumes verwendet. Bei der richtig durchgeführten Arbeit mit einer solchen Form können Sie sich die Details des Tempels vor Ihrem geistigen Auge ausmalen und sich dann mit Ihren Gedanken in ihre Form hineinbegeben, Kontakt mit ihrer Kraft aufnehmen und sie nutzen.

Der Zweck eines Tempels ist der Gottesdienst, der durch Anbetung und Verehrung definiert ist. Unter Anbetung versteht man *höchste Achtung und bewundernde, ehrfurchtsvolle Liebe.* Etwas (oder jemanden) verehren bedeutet, es (oder die Person) sehr hoch zu schätzen, und im religiösen Wortgebrauch impliziert dies häufig, daß diese Hochachtung und Ehrerbietung etwas Heiligem entgegengebracht wird (was wiederum definiert ist als etwas, das für einen besonderen Zweck *bestimmt* oder *vorbehalten* ist). Die Schlüsselbegriffe sind also Zweckbestimmung, Hochachtung und Liebe. Ein Tempel der Sephiroth, der auf den inneren Ebenen gut errichtet ist, ist also ein Ort, der einem besonderen Zweck vorbehalten oder geweiht ist. Liebe und Hochachtung sind Kommunikationsmittel, mit denen die Liebe und Ehre in jedem von uns mit ihren kosmischen Entsprechungen in Kontakt kommen oder von diesen kontaktiert werden können. Ein Tempel ist demnach ein Kommunikationszentrum, wobei jeder Tempel der Vermittlung einer anderen Art von Botschaft geweiht ist.

Viele Details der Tempel der Sephiroth stammen aus der traditionellen Überlieferung, und es ist zu Beginn ratsam, sich der eingeführten Symbolik zu bedienen. Mit wachsender Erfahrung können Sie sich dann später auch eigene Symbole dazu ausdenken, die Sie ansprechen. Zuerst sollten Sie ein Gefühl für die Sephirah bekommen, mit der Sie arbeiten, und die traditionellen Ideogramme mit so viel Intuition und Einfühlungsvermögen wie möglich verwenden. Bei der experimentellen Arbeit zur Ausbildung von Gruppen können Adepten einen Tempel auch in modernen und für einen traditionellen Kabbalisten möglicherweise erschreckend ungewöhnlichen Formen beschreiben, und es wird seinen Zweck erfüllen. Da der Adept die Kraft der Sphäre erfahren hat und über ein wohlfundiertes Wissen über die tiefere Bedeutung verfügt, kann der Tempel auch in einer Form dargestellt werden, die der Gruppe die Essenz der jeweiligen Sephirah vermittelt. Durch gemeinsame Einstimmung auf die Kraft der Sphäre kann diese beginnen, durch das Bild in das Bewußtsein zu fließen. Wurde dies tatsächlich erreicht, werden die verschiedenen Symbole, aus denen sich der Tempel zusammensetzt, für die Mitglieder der Gruppe real und lebendig werden. Doch das können nur wirklich erfahrene Kabbalisten.

Obwohl sich der größte Teil ihrer anfänglichen Arbeit mit den Tempeln der Sephiroth auf die Erlernung der Techniken konzentrieren wird, besteht trotzdem eine Chance, daß Sie ein gewisses Maß an Zugang zu den Bedeutungen und Energien der Sphäre bekommen, in der Sie arbeiten. Aus diesem Grunde ist es am besten, sich für die Arbeit eine der Sephiroth auf der mittleren Säule auszuwählen, da jede davon einen Zustand der Balance und relativen Vollkommenheit verkörpert.

Als Beispiel wird im folgenden eine mögliche Form des Tempels der Sephirah Jesod beschrieben. Diese großen Stationen im Baum werden normalerweise über einen der Pfade angegangen. Pfadarbeit ist ein ganz besonderes Thema, mit dem wir uns im nächsten Kapitel nach einer kurzen Einführung näher beschäftigen wollen; beginnen Sie deshalb einstweilen einfach damit, sich das Bild des Tempels aufzubauen, als würden Sie sich ihm aus einer gewissen Entfernung annähern.

Visualisierung des Jesod-Tempels

Stellen Sie sich vor, Sie stünden an einem Abhang und schauten nach unten auf einen See. Es ist Nacht, und die leuchtende Sichel des zunehmenden Mondes steht tief am Horizont und spiegelt sich im Wasser. In der Mitte des Sees ist eine kleine Insel aus grauem Vulkangestein. Auf dieser Insel befindet sich der Jesod-Tempel. Er ist neunseitig, besteht offensichtlich aus Quartz und ragt wie ein riesiger Kristall über den grauen Felsen. Seine Wände leuchten und strahlen violettes Licht aus, wobei der ganze Tempel dem Zentrum einer riesigen Aura in den Farben des Regenbogens gleicht, die ihre Lichtstrahlen in ständigen Wellenbewegungen nach oben in den indigoblauen Himmel sendet.

Begeben Sie sich nun den Abhang hinunter zum Ufer des Sees, wo die Umrisse eines flachen Bootes zu erkennen sind. Im Heck des Bootes ist schwach die Schattengestalt des Fährmanns auszumachen. Setzen Sie sich in das Boot, dann wird der Fährmann es mit abgewandtem Gesicht – wie die dunkle Seite des Mondes – über den See rudern. Wenn Sie das felsige Ufer der Insel erreichen, klettern Sie an Land; das Boot löst sich im Nebel auf, und seine Form entschwindet bald Ihrem Blick.

Der Jesod-Tempel ist der Tempel von Lavanah, dem Mond, und er erhebt sich auf einem kleinen, vollkommen flachen Plateau in der Mitte der Insel. Beim langsamen Näherkommen werden die Augen fast geblendet von dem seltsam verwirrenden Schimmern und Schillern seiner Wände, dessen Ecken und Seiten sich ständig auf verblüffende Weise zu verändern scheinen. Es scheint keinen Eingang zu geben, doch Ihre Aufmerksamkeit wird auf einen breiten senkrechten Strahl aus intensivem violetten Licht gelenkt, der auf dem felsigen Boden ruht und fester zu sein scheint als die sich ständig verändernde Form der Wände. Sie schauen nach oben und merken, daß der Strahl in Wirklichkeit das untere Ende eines breiten Schwertes ist, das mit der Spitze nach unten gerichtet ist, um die Heiligkeit des Tempels zu schützen und von der Hand eines überragenden Erzengels gehalten wird. Das Auge, geblendet von dem Glanz und der Bewegung der sich ständig verändernden Regenbogenfarben, die den Tempel überschatten, kann nur wenig sehen. Doch es entsteht der Eindruck, daß das Leuchten die Aura dieses großen Wesens ist, Gabriel, der Herr der Flammen, Spender der Sehkraft, Engel der Verkündigung und Erzengel Jesods. Violette Flammen scheinen nun von der Klinge seines Schwertes emporzuzüngeln. Sie umkreisen Sie, hüllen Sie ein, und Sie haben das Gefühl, als würde ihre Seele mit Fingern kühler Klarheit abgetastet. Wurde die Prüfung bestanden, weichen die Flammen zurück, das große Schwert dreht sich auf seiner Spitze, und der Weg in den Tempel ist nun frei.

Innen ist es kühl und trocken und von violettem Licht erleuchtet, das aus den kristallenen Wänden zu strahlen scheint. Bis auf eine schwarze Steinsäule genau in der Mitte ist der Tempel völlig leer. Dieser Stein, der den Altar darstellt, ist etwa einen Meter hoch und neunseitig wie die Wände des Tempels. Oben ist er vollkommen flach, und ein riesiger Mondstein in einem silbernen Ständer ruht auf ihm. Die Luft ist erfüllt vom einem Duft nach Jasmin. Während Sie so mit dem Rücken zum Eingang stehen, werden Sie sich einer starken magnetischen Anziehung in Richtung des Altars bewußt. Sie bewegen sich über den glatten grauen Felsboden nur mit Schwierigkeiten, können kaum das Gleichgewicht halten und haben das merkwürdige Gefühl, daß halbmaterialisierte Formen im Tempel herumschwirren und in den großen Brennpunkt des Steinaltars hineingezogen werden.

Manche dieser subtilen Phantome sind tierähnlich, manche haben geometrische Formen, manche sind menschenähnlich, und manche sind eine Kombination von allen drei Gestalten. Je näher Sie dem schwarzen Steinaltar kommen, desto stärker wird seine Kraft, und Sie merken, wie Sie sich plötzlich spiralförmig zu drehen beginnen und an der linken Seite des Altars vorbei zu dem Stein hingezogen werden. Sie landen schließlich auf der gegenüberliegenden Seite der Tür, stehen nun dem Tempeleingang gegenüber und blicken nach unten auf den großen Mondstein auf dem Altar.

Es herrscht absolute Stille: eine Stille, die so tief ist, daß es unmöglich erscheint, daß jemals ein Geräusch existieren könnte. Sie halten nun Ihre Hände nebeneinander mit den Handflächen nach oben über den Altar und beginnen sofort eine komplexe Schwingung zu spüren. Zuerst sind Sie zu überwältigt von diesem Eindruck, doch mit der Zeit merken Sie, daß dieses Gefühl, das Sie äußerlich empfinden, sich unmerklich nach innen verschoben hat und mit Ihrem innersten Wesen verschmilzt. Und bei dieser Wahrnehmung überkommt Sie ein tieferes Verständnis für die Komponenten und die Harmonie dieser Erfahrung, die inzwischen das gesamte Spektrum Ihres lebendigen Daseins erfaßt hat. Das ist die Bedeutung des Mondtempels. In dieser Erfahrung ist der Wesenskern von Jesod kondensiert. Da sind tiefe, langsame Rhythmen, die pulsieren wie ein riesiges Herz. Tiefe Orgeltöne. Gewaltige Gefühlsakkorde. Klänge von ab- und zufließendem Wasser im Rhythmus der Gezeiten. Helles Geklingel wie von einem Glockenspiel mit Hunderten von Glöckchen. Und alles in einer Gesamtsituation größter Harmonie, eingehüllt in diesen tiefen Grundrhythmus, dem lebendigen Pulsschlag des Universums.

Während die Erfahrung über Sie hinwegspült, richten Sie Ihren Blick nach oben und schauen einen Augenblick lang in die Weite des Raumes und der Zeit. Sie sehen, wie sich die Sterne mit sinnvoller Zielgerichtetheit in der Unendlichkeit des kosmischen Nichts bewegen, und ihre Erfahrung ist organisch und nicht geistig. Der Titan Atlas hält die sich drehende Welt, und der Kosmos ist der lebendige Körper des himmlisch-astralen Urmenschen Adam Kadmon.

Die Erfahrung wird immer intensiver, doch Sie senken Ihren Blick. Sie haben für dieses Mal genug gesehen. Sie können später ja wieder zurückkommen. Sie bedanken sich im Stillen für die Erfahrung, gehen links am Altar vorbei, durchqueren den Tempel und gehen in Richtung Eingang. Obwohl Sie sich der spiralförmig wirbelnden Kraft und der Myriaden von Formen, die von ihr getragen werden, immer noch stark bewußt sind, spüren Sie ein inneres Ansprechen auf den Zweck des Tempels und gehen ohne Schwierigkeiten Ihres Weges. Die Schwertklinge bewegt sich zur Seite, und Sie verlassen den Tempel.

Während Sie durch die Steine zum Seeufer hinunterlaufen, bemerken Sie, wie sich die schattenhafte Gestalt des Bootes aus dem Nebel heraus materialisiert. Sie steigen ins Boot, und der finstere Fährmann bringt Sie rasch an das ferne Ufer zurück. Sie klettern den Abhang wieder hinauf, schauen noch einmal zum Tempel zurück – hinter dem jetzt der Mond untergeht – und verabschieden sich im Stillen. Die Vision löst sich auf, und Sie kehren in Ihr Zimmer in Malkuth zurück.

Diese Visualisierung ist nur eine von vielen möglichen Formen für diesen ganz speziellen Tempel. Auf jeden Fall werden dadurch einige der Grundprinzipien aufgezeigt, die bei einer Visualisierung dieser Art wichtig sind. Analysieren Sie die Form und die dazugehörige Beschreibung, und versuchen Sie selbst, diese Prinzipien zu definieren.

Fünftes Kapitel

Die kabbalistischen Pfade und die Pfadarbeit

Wenn die Sephiroth Seinszustände darstellen, dann muß sich das Bewußtsein als unser Vehikel für die Wahrnehmung dieser Zustände ändern, um in jedem dieser neuen Zustände wirken zu können. Die Pfade symbolisieren die Bewußtseinsveränderung, die nötig ist, um in einer anderen Dimension überhaupt etwas erfassen und funktionieren zu können.

Jeder Pfad verbindet zwei Sephiroth miteinander. Der Anfang des Pfades wird noch beeinflußt vom Wesen der Sephirah, in der er entspringt, während sein Ende bereits unter dem Einfluß der Sphäre steht, in die er einmündet. In Analogie zur Kristallisation würde dies bedeuten, daß der Anfangszustand der Lösung flüssig ist, während sie im letzten Stadium bereits zum Festwerden neigt. Zu jedem Pfad gehören eine Reihe von Haupt- und Nebensymbolen.

Die Hauptsymbole

In den Hauptsymbolen sind die wichtigsten Charakteristika eines Pfades verkörpert. Es gibt drei Arten dieser Symbole: einer der zweiundzwanzig Tarottrümpfe, einer der zweiundzwanzig hebräischen Buchstaben, sowie ein Tierkreiszeichen, ein Planet oder ein Element.

Die Tarottrümpfe

Der Ursprung der Tarotkarten ist ungewiß, doch es wurden darüber viele Spekulationen und Vermutungen angestellt. Hier muß der Hinweis genügen, daß diese uralten und seltsam sinnträchtigen Bilder traditionell mit dem Baum des Lebens in Zusammenhang gebracht werden. Viele Okkultisten haben in ihrer Ausbildung sogar gelernt, sie als wesentlichen Bestandteil der kabbalistischen Symbolik anzusehen. Die Zahlen- und Hofkarten (Kleine Arkana) des Tarot werden den Sephiroth selbst zugeordnet, doch wir wollen uns hier vorwiegend mit der sogenannten Großen Arkana, den Tarottrümpfen befassen.

Jeder Pfad besteht aus einer kontinuierlichen Reihe von Symbolen: Hauptsymbole, Nebensymbole und "verbindende" Symbole, die im allgemeinen in einem sephirothischen Tempel beginnen und bei oder in einem anderen enden. Der Tarottrumpf verbindet den Ausgangstempel mit dem richtigen Pfad. Er faßt in einer Glyphe die Essenz der Bedeutung des Pfades und der Kräfte zusammen, die darin zum Ausdruck kommen. Die Symbole des Tarots sind jedoch ein Thema für sich und würden den Rahmen dieses Buches sprengen. Es gibt viele verschiedene Methoden, die Symbole bei der Arbeit mit den Pfaden, in Ritualen und bei der Kunst des Wahrsagens einzusetzen. Doch der Schatz der Bilder ist so groß und sinnbeladen, daß ich Ihnen empfehlen möchte, sich ein geeignetes Buch zu diesem Thema sowie Tarotkarten zu Ihrem persönlichen Gebrauch zu besorgen. Ein bißchen Lesen und Nachdenken über die Symbolik der Karten bringt in dieser Phase mehr als jede formale Übung. Möglicherweise das beste Buch zu diesem Zweck ist Paul Foster Cases *Tarot-Handbuch*, erschienen bei Urania. Ein anderes sehr nützliches Buch ist *The Royal Road* von Stephan A. Hoeller, erschienen beim Theosophical Publishing House. Was die Tarotkarten betrifft, so gibt es eine große Auswahl. Eines der bekanntesten ist das Rider-Tarot, doch die Wahl der Karten ist eine sehr persönliche Angelegenheit, und es ist deshalb immer empfehlenswert, die Tarotkarten auszuwählen, die Sie persönlich am meisten ansprechen.

Die hebräischen Buchstaben

Jeder der zweiundzwanzig hebräischen Buchstaben ist einem der Pfade zugeordnet. Der erste Buchstabe Aleph gehört zum ersten Pfad (dem 11.) und der letzte Buchstabe Tau zum letzten Pfad (dem 32.). Jeder Buchstabe ist ein Ideogramm. So bedeutet zum Beispiel der Buchstabe Daleth (4) gleichzeitig *Tür* und Schin (300) versinnbildlicht einen Zahn oder den Giftzahn einer Schlange. Von jedem Buchstaben wird gesagt, er habe eine göttliche Bedeutung, eine ganz eigene Macht. Die Heilige Schrift bedeutete buchstäblich das für die alten Juden. In jedem Buchstaben war demnach eine Kraft vom Atem Gottes verborgen. Und dem Zahlenwert eines Buchstabens (es gab keine gesonderten Symbole für die Zahlen) schrieb man eine besondere Bedeutung innerhalb einer großen kosmischen Numerologie zu (siehe Tabelle 1 auf Seite 32).

In der Phantasie die Pfade des Lebensbaumes zu wandeln, wird *Pfadarbeit* genannt – ob man nun alleine, innerhalb einer Gruppe oder rituell arbeitet. Der Tarottrumpf gibt den Grundton des jeweiligen Pfades an und steht ganz zu Beginn, während uns der hebräische Buchstabe erst auf halber Strecke der Reise begegnet und den Brennpunkt der Kräfte des Pfades symbolisiert.

Die Zeichen

Im Laufe der Jahrhunderte haben sich durch die ständige Anwendung des Lebensbaums von seiten der Mystiker und Magier eine Vielzahl von Symbolsystemen um ihn herum gebildet. Dazu gehören auch die Sinnbilder der Alchemie und Astrologie, die die dritte und letzte Gruppe der Hauptsymbole darstellen. Die zwölf Tierkreiszeichen, die sieben Planeten (Saturn, Jupiter, Mars, Sonne, Venus, Merkur und Mond) sowie die alchimistischen Symbole für Feuer, Wasser und Luft bilden zusammen eine Gruppe von zweiundzwanzig Symbolen, von denen jedes einem Pfad zugeordnet wird. Jedes dieser Symbole ruft eine Fülle von geistigen Bildern und Vorstellungen in uns wach.

Viele Menschen, die sich mit Astrologie beschäftigen, haben gelernt, daß manche Tierkreiszeichen und Planeten unheilvoll seien. Um die Philosophie des Lebensbaumes richtig zu begreifen, muß man die wirkliche Bedeutung dieser sogenannten schlechten Symbole verstehen lernen; denn hat man sie erst einmal verstanden, ist es kein unheilvoller Einfluß mehr. Das Zeichen steht traditionell am Ende des Pfades, und wir begegnen ihm in der Regel bevor uns der Zugang zum Tempel der nächsten Sephirah gewährt wird. Richtig verstanden, stellt es die Summe der Einflüsse des Pfades auf den Lernenden dar, der ihn im wirklichen Leben beschritten hat und nicht nur in der Meditation.

Die Nebensymbole

Zu den Nebensymbolen gehört alles, was man die Flora und Fauna des Pfades nennen könnte – Zustände und symbolische Gegenstände, die traditionell damit assoziiert werden, wie zum Beispiel Edelsteine und Düfte. Ein Pfad im Baum des Lebens ist keine gerade Straße, auf der die drei Hauptsymbole symmetrisch angeordnet sind. Er schlängelt sich viel eher entlang der natürlichen Bilderwelt der Phantasie, wobei die Nebensymbole zur geistigen Einstimmung auf die Wahrnehmung der drei großen Ursymbole dienen. Dazu kommen noch andere verbindende Beschreibungen, die dazu dienen, das Ganze zu einer einzigen, sich kontinuierlich entfaltenden Erfahrung zu verschmelzen. Es gibt sechs Hauptgruppen von Nebensymbolen: Tiere, Pflanzen, Edelsteine, Farben, Zustände und Düfte. Eine siebte Symbolgruppe bilden die sogenannten *magischen Waffen*, mit denen wir uns aber hier in dieser einfachen Einführung nicht beschäftigen wollen.

Wir sollten uns stets daran erinnern, daß die Tradition, ähnlich der Symbolik der Sephiroth, zwar ein guter Diener, aber gleichzeitig auch ein beschränkender und einengender Lehrmeister ist. Das trifft besonders auf die Nebensymbole der Pfade zu. Wenn Sie ein Symbol nicht anspricht, dann benutzen Sie es einfach nicht. Vielleicht wird dies am Beispiel der

Gruppe von Symbolen, die einem konkreten Pfad zugeordnet werden, deutlicher:

Pfad 25	*Die Wüste*	*(verbindet Jesod und Tiphereth)*
Hauptsymbole:	Tarottrumpf:	Mäßigung (XIV)
	hebräischer Buchstabe:	Samech (Stützpfahl – Wert 60)
	Zeichen:	Schütze (ein Feuerzeichen)
Nebensymbole:	Tier:	Zentaur, Pferd, Hund
	Pflanze:	Binse
	Stein:	Hyazinth
	Farbe:	Blau
	Zustand:	heiß und trocken
	Duft:	Aloe

Natürlich könnten auf dieser Basis eine Vielzahl von geeigneten Pfadbeschreibungen erstellt werden. Doch am wirkungsvollsten wäre sicher die Beschreibung, bei der der wahre Geist des Pfades am eindrucksvollsten und einfachsten durchscheint. Bei der Pfadarbeit wird mit der Psyche des *Pfadarbeiters* gearbeitet; sich etwas anderes darunter vorzustellen, wäre Aberglauben. Doch wenn die Symbole ihre Wirkung tun, dann stellen die unbewußten Ebenen unserer Psyche möglicherweise selbst die Verbindung zu den makrokosmischen Kräften des Pfades her.

Zum Abschluß dieser kurzen Einführung in die kabbalistischen Pfade, hier nun ein Beispiel einer einfachen Form des 32. Pfades. Immer wenn wir uns auf einen Pfad begeben, sei es nun in unserer Vorstellung ganz für uns allein oder in einer Gruppe, ist es wichtig, darauf zu achten, daß wir unbedingt wieder zu der Sephirah zurückkehren *müssen*, bei der der Pfad entspringt. Wird die Rückkehr und das darauffolgende vollständige und bewußte Wiedereintreten in die physische Welt nicht richtig ausgeführt, kann es zu psychischer Dissoziation kommen – einem gefährlichen und lähmenden Geisteszustand.

Pfadarbeit ist im Prinzip nichts anderes als eine Stimmungskomposition. Bevor ein Pfad in der Meditation durchgearbeitet wird, sollte er zweimal in normaler Geschwindigkeit durchgelesen werden und dann nochmals zweimal, diesmal aber langsamer. Wir sollten uns dabei jede Einzelheit der beschriebenen Szenen im Geiste ganz genau vorzustellen versuchen. Erst wenn uns sowohl die Abfolge als auch die Details ganz vertraut sind, sollten wir damit beginnen, uns an die tatsächliche *Life*-Arbeit zu machen.

Die Visualisierung des 32. Pfades

(Hinweis: Die Reise wird am besten mit einem unsichtbaren Begleiter unternommen, einem Geistführer, dessen Gegenwart wir zwar spüren, aber nicht sehen.)

Wir haben das Gefühl, uns tief in der Erde zu befinden. Zuerst ganz langsam werden um uns herum die Konturen einer großen Höhle mit Felswänden und festgestampftem Boden erkennbar, die in etwa die Form eines Würfels und die Größe eines ziemlich großen Zimmers hat. In der Mitte der Höhle erhebt sich eine mehr oder weniger quadratisch behaue, hüfthohe Granitsäule, die oben flach ist und einen Durchmesser von etwa 30 cm hat.

Das ist der Tempel von Malkuth. Oben auf der Säule, die einen Altar darstellt, steht eine uralte Steinlampe mit einer kleinen, aber stetigen Flamme. Neben der Lampe befindet sich eine unglasierte Tonschüssel, in der ein Bergkristall ruht, dessen Facetten das Licht der Lampe zurückwerfen.

Zwischen der gegenüberliegenden Seite des Altars und der nach Osten gehenden Tempelwand befindet sich ein wunderlich geschnitzter Thron mit archaischen Mustern. Er ist leer. An der östlichen Wand hinter dem Thron hängt ein großer Wandbehang, auf dem eine lebensgroße tanzende Frauenfigur dargestellt ist, die bis auf einen hauchdünnen, wehenden Schleier um die Hüften nackt ist. Die Figur wird eingerahmt von einem ovalen Lorbeerkranz. Die Frau trägt in jeder Hand einen spiralförmig gedrehten Stab. Die Spiralen drehen sich in entgegengesetzter Richtung und erinnern uns an die beiden sich ergänzenden Urkräfte, die das Fundament der Menschheit und des Universum bilden. An den Ecken des Wandbehangs sind die Köpfe der vier heiligen Lebewesen abgebildet: in der oberen linken Ecke der Kopf eines Menschen, in der oberen rechten der Kopf eines Adlers, in der unteren rechten der Kopf eines Löwen und in der unteren linken Ecke schließlich der Kopf eines Stiers. Das sind auf einer höheren Ebene die Entsprechungen für die vier alchimistischen Elemente Luft, Wasser, Feuer und Erde, die zusammen die Basis von Malkuth, dem Königreich, bilden. Am unteren Rand des Bildes taucht gleich einem archaischen Buchstaben *n* der hebräische Buchstabe *Tau* auf, unter dessen Einfluß der 32. Pfad steht. Das gesamte Bild der XXI. Trumpfkarte des Tarot hat etwas verblüffend Reales an sich, was unsere Aufmerksamkeit für geraume Zeit gefangenhält.

Plötzlich beginnt es in der Höhle heller zu werden. Die Flamme des Altarlichts wird von Sekunde zu Sekunde größer und wird umschwirrt von unzähligen kleinen Blitzen aus intensivem vielfarbigem Licht. Das sind die äußeren Gestalten der Ischim, der Feuerseelen, der inneren Energien der Sphäre Malkuth. Die Flamme reicht nun bis hinauf an die Felsendecke der Höhle, die wegzuschmelzen scheint und den Blick auf die samtene Dunkelheit des sternenübersäten, indigofarbenen Himmels freigibt. Die sieben Sterne des Großen Bären blinken kalt im leeren Raum, und während wir noch alles beobachten, lodert die Flamme nach oben in die Unendlichkeit des Raumes und scheint für einen Moment mit Polaris, dem Polarstern, zu verschmelzen, der genau über der Höhle steht.

Einen kurzen, aber intensiven Augenblick lang spüren wir die Einheit aller Dinge und die Stärke der inneren Welt Malkuths. Außerdem werden wir uns der Gegenwart eines Wesens bewußt und merken, daß der Erzengel Malkuths, Sandalphon, unter uns weilt. Im Stillen heißen wir dieses wunderbare große Wesen willkommen und bitten um seinen Schutz auf dem Pfad.

Das Licht nimmt langsam ab, und wir gehen links am Altar vorbei hinter den Thron und stehen nun vor dem großen Wandbehang.

Bei näherem Hinsehen merken wir, daß sich das Bild aus einer Vielzahl von horizontalen Linien aus wellenförmigem

Licht zusammensetzt, ähnlich wie das Bild auf einem Fernsehschirm. Aus dieser Position ist es möglich, durch das Bild hindurchzublicken, und man meint ganz schwach ein Tor zu erkennen. Es drängt uns, durch den Wandbehang hindurch auf dieses Tor zuzugehen, das den Anfang eines Pfades darstellt. Wir bewegen uns auf das Bild zu und gehen langsam hindurch, was sich so anfühlt, als wirkten die vielen Lichtzeilen, aus denen es sich zusammensetzt, wie eine Art Filter oder Sieb. Was auf der anderen Seite des Schleiers herauskommt, sind die ätherisierteren Aspekte unseres Wesens: die gröbsten physischen Aspekte haben wir hinter uns gelassen. Wir fühlen uns lebendiger, scheinen einen leichteren Körper zu besitzen und einen klareren Verstand. Wir stehen nun in dem Tor am Anfang des 32. Pfades.

Der Weg, der sich vor uns auftut, ist dunkel. Das einzige Licht, das sehr schwach ist, kommt von dem Wandbild, das nun hinter uns liegt. Wir gehen vorsichtig weiter und spüren den glatten felsigen Pfad unter unseren Füßen, der bergab, vom Malkuth-Tempel weg führt. Es ist nun ziemlich dunkel, doch der Himmel über uns ist nicht schwarz, sondern tiefstes Indigoblau; und beim nach unten Sehen merken wir, daß unser Körper von einem schwachen gräulichen und nebelartigen Licht eingehüllt ist. Wir setzen unsern Weg mit diesem Licht fort – unserem eigenen Licht.

Die Luft ist trocken, aber kalt, und der Weg wird nun steiler. Wir spüren jetzt rauhe Steine und manchmal auch gefährliches loses Geröll unter unseren Füßen. Auf beiden Seiten des Weges beginnen die Felswände immer enger zusammenzulaufen, bis wir sie schließlich mit ausgestreckten Armen berühren können und der Himmel nur noch eine schmaler Schlitz aus intensivem Indigo in weiter Ferne ist.

Wir kämpfen uns den scheinbar endlosen Weg hinunter, stolpern über Steine und rutschen auf dem Geröll, bis der Pfad schließlich nach einer Zeit, die uns wie eine Ewigkeit vorkommt, etwas weniger steil erscheint und der Weg etwas leichter. Die Felswände weichen langsam zurück, und plötzlich wird der Pfad ganz eben und breit, und wir stehen vor einem kleinen Plateau, das von Felsen umgeben ist.

Nun ist es fast hell genug zum Sehen. Wir bleiben einen Moment stehen und sehen vor uns einen spärlichen efeubewachsenen Eichenhain. Wir bewegen uns auf die Bäume zu, und beim Eintreten in den Hain hören wir von weitem das Brüllen eines Stiers. Die Bäume sind knorrig und steinalt, und beim Hindurchlaufen spüren wir das Gewicht der Jahrtausende auf uns lasten, als ob alles zu einem ewigwährenden Moment der Vergangenheit gefroren wäre.

Es ist heller geworden, als wir aus den Bäumen heraustreten und uns auf das Zentrum des Plateaus zubewegen, doch über uns hängt eine Nebelwolke, die uns daran hindert herauszufinden, woher dieses Licht kommt. Inmitten des von Steinen übersäten Bodens der Lichtung steht eine hohe, einsame Zypresse. Ihre Zweige glänzen silbrig-weiß in dem Licht, das von senkrecht über ihr auf sie herabscheint und im sich auflösenden Nebel einen Hof entstehen läßt. Nichts bewegt sich. Das Licht wird langsam immer intensiver. Wir stehen vor dem Baum und blicken nach oben.

Langsam überkommt uns ein Gefühl, als würde sich irgendeine riesige, stille Präsenz, der Geist dieses Ortes, langsam in dem Bereich um die Zypresse und um uns herum konzentrieren. Auch das Licht selbst verändert seine Form und scheint nun den Baum und alles drumherum wie mit einem Scheinwerfer anzustrahlen: alles andere liegt in tiefster Dunkelheit.

Unser Bewußtsein von der Präsenz nimmt zu. Es fühlt sich an, als würden wir in einen Mantel von Ewigkeit eingehüllt. Vergangenheit, Gegenwart und Zukunft verschmelzen zu einer Zeit und einer einzigen wunderbaren Gewißheit. Und auf der Höhe dieses Erlebnisses erheben wir unsere Augen zu der Lichtquelle und erkennen nun, woher es kommt: von weit oben aus der indigofarbenen Dunkelheit des Himmelszeltes über unseren Köpfen leuchtet der riesige Schriftzug des hebräischen Buchstaben *Tau* auf uns herab. Der Buchstabe gleicht einem kleinen *n*, das in einem sanften, weißen Glanz erstrahlt.

Die Intensität des eben Erlebten läßt langsam nach, und das Symbol *Tau* scheint sich allmählich in den Himmel zurückzuziehen.

Wir gehen wieder weiter. Von der anderen Seite des Plateaus führt ein breiter, sanft abfallender Pfad bergab. Über unseren Köpfen spannt sich der von Sternen übersäte Himmel, die ein schwaches Licht auf den ebenen und bequemen Weg vor uns werfen. Der Weg geht nun eine Weile geradeaus und fängt dann wieder an, leicht anzusteigen. Vor uns liegt ein niedriger Bergrücken, dessen dunkle Kuppe von schwachem silbernen Licht umstrahlt wird. Wir klettern langsam den leicht ansteigenden Hang hinauf, dem immer intensiver werdenden Licht am Gipfel entgegen. Unsere Augen, geblendet von dem ungewohnt grellen Licht, sind verwirrt, doch kurz vor Erreichen der Kuppe scheint einen Augenblick lang die Figur des uralten Gottes Saturn – ähnlich Gevatter Tod mit seiner Sense und dem Stundenglas – vor uns auf dem Weg zu stehen. Er verschwindet, als wir den Kamm des Bergrückens erreichen.

Vor uns fällt der Berg steil ab zu einem See. Die Sichel des zunehmenden Mondes steht genau über einer kleinen, felsigen Insel in der Mitte des Sees. Auf der Insel befindet sich der Jesod-Tempel, eine neunseitige Struktur, die aussieht, als bestünde sie ganz aus Kristall. Er funkelt in seinem eigenen Licht und sendet dabei violette Strahlen aus und ist gleichzeitig eingehüllt in die Aura eines riesigen Wesens, dessen ausgebreitete Flügel den ganzen Himmel vor uns bedecken. Das ist die Vision von Gabriel, dem Erzengel Jesods.

Wir halten einen Augenblick inne und versuchen, die überwältigende Schönheit und Kraft der Szene in uns aufzunehmen. Dann ist es auch schon Zeit zum Aufbruch, und nachdem wir uns von Gabriel verabschiedet haben, machen wir kehrt und beginnen unsere Rückreise.

Der Weg ist jetzt einfacher, und wir klettern rasch den Bergrücken hinunter und den sanft ansteigenden Hang zum Plateau hinauf. Es ist jetzt auch heller, zum Teil vielleicht wegen des sternklaren Himmels über uns, zum Teil jedoch auch, weil unsere eigenen Körper jetzt mehr Licht abstrahlen. Wir überqueren das Plateau rasch, vorbei an der still und regungslos dastehenden Zypresse, durch den Eichenhain und machen uns an den schwierigen Aufstieg zurück zum Malkuth-Tempel. Doch auch das geht nun leichter, und wir bringen den steilen Weg ohne größere Schwierigkeiten hinter uns.

Bald kommen wir wieder vor dem Tempel an. Wir gehen einer nach dem anderen durch den Schleier und stehen vor dem Altar. Die Flamme flackert kurz auf, als wollte sie uns begrüßen, und wir bedanken uns im Stillen für unsere unbeschwerte Reise und sichere Rückkehr.

Während wir still vor dem Altar stehen, scheint sich der Malkuth-Tempel aufzulösen, und wir kehren ins volle Bewußtsein auf der physischen Ebene zurück.

[Ende des Pfades]

Sechstes Kapitel

Kosmogonie

Wir haben uns bereits weiter vorne mit der Evolution beschäftigt, und zwar im Zusammenhang mit den zehn Sephiroth, die wir als eine Art *Ablaufdiagramm* zur Darstellung des Anfangs, der Evolution und des Endergebnisses verwenden können. Nun wollen wir diesen Prozeß einmal etwas genauer unter die Lupe nehmen. Wir sind bereits kurz auf die Begriffe Evolution und Zweck eingegangen. Wir gingen davon aus, daß die Menschen und das Universum sich von einem einfachen unkoordinierten Zustand zu einer hochdifferenzierten Vollkommenheit entwickeln.

Wir sollten uns diese wichtige Frage nach den Ursprüngen und der Evolution einmal im Gesamtzusammenhang anschauen. Das ist nicht nur eine interessante philosophische Spekulation, sondern liefert uns die Grundbausteine der okkulten Theorie und Praxis. Ohne dieses Wissen und die grundlegenden Ideen, die sich daraus entfalten, ist Okkultismus nichts als Aberglaube. Verstehen wir uns aber nicht falsch! Wir werden Ihnen nicht die *Wahrheit* über den Anfang und das Ende aller Dinge offenbaren! Niemand kann das; auch wenn wir alle Einzelheiten kennen würden, ginge es über die Macht der Worte hinaus, diesen Prozeß darzustellen, und über die Macht des Verstandes, ihn zu begreifen. Je weiter unser Verständnis wächst, desto tiefer werden auch unsere Einsichten werden. Die Erklärung, die wir hier geben, scheint Sinn zu machen und gibt uns eine vernünftige Antwort auf die Frage, wie praktischer Okkultismus wirkt. Mehr können wir zu diesem Zeitpunkt noch nicht lernen.

Das Thema Ursprung ist äußerst abstrakt. Im Zusammenhang mit dem Baum des Lebens haben wir Kether mit dieser Vorstellung verbunden. Doch Kether ist nur ein Symbol, dessen einziger Zweck darin besteht, uns das Verständnis eines überaus abstrakten Konzeptes zu erleichtern. Es wäre allzu einfach anzunehmen, es reiche aus, die Worte zu kennen, und schon verstünde man die Idee. Dem ist nicht so. Worte sind nur Symbole für die Vorstellung, die vermittelt werden soll. Worte sind dazu da, geistige Bilder entstehen zu lassen; nie um tatsächliche Vorgänge auszulösen. Doch Worte sind sehr nützlich für uns, denn sie helfen uns dabei, mit Vorstellungen umzugehen, die wir ansonsten geistig überhaupt nicht fassen könnten.

Wir westlichen Menschen haben unseren Intellekt zwar sehr hoch entwickelt, aber auch sehr einseitig. Uns wurde glauben gemacht, unsere geistigen Fähigkeiten könnten nach der Komplexität der Ideen, die wir begreifen können, und nach unserer Fähigkeit, Gehirnakrobatik zu vollführen, beurteilt werden. Die Geheimnisse des Anfangs und des Endes müssen jedoch unfaßbar einfach sein. Doch schwerfällige Wörter mit 3-D-Assoziationen sind alles, was uns dafür zur Verfügung steht. Wir merken also, daß wir unserem Verstand am besten eine Ruhepause gönnen und lieber versuchen, die Ideen einfach auf uns wirken zu lassen, anstatt sie *verstehen* zu wollen. Und verwechseln Sie nicht das Symbol mit dem Gegenstand, den es versinnbildlichen soll.

Da die Konzepte, mit denen wir uns im folgenden beschäftigen wollen, nicht mit einfachen Worten beschrieben werden können, lesen Sie am besten immer einen Abschnitt durch und versuchen dann zu fühlen, was da beschrieben wurde. Versuchen Sie es nicht mit Gewalt. Lesen Sie die Passage, wenn nötig, einfach nochmals durch. Die verwendeten Beschreibungen sind eher dazu gedacht, den Verstand zu trainieren als zu informieren.

Berichte über Vorgänge oder Ereignisse beginnen in der Regel am Anfang. Westliche Köpfe sind es gewohnt, in Gegensätzen zu denken. Wenn etwas also ein *Ende* hat, muß es (unserer Meinung nach) auch einen *Anfang* haben. Wenn es eine *Zukunft* gibt, muß es auch eine *Vergangenheit* geben, und das *Jetzt* liegt irgendwo zwischendrin. Doch auch dies ist nur wieder ein Beispiel für die beschränkten Möglichkeiten unserer Vorstellungskraft, die ihre gesamte Erfahrung aus der begrenzten dreidimensionalen Welt bezieht, auf die wir fixiert sind. Unser Denken ist geradlinig, wir fangen *hier* an und hören *dort* auf.

Um die Vorstellungen in diesem Kapitel begreifen zu können, müssen Sie üben, in Kreisen und Spiralen zu denken. Kreise haben keinen Anfang und kein Ende, sondern einen Zyklus des Nach-außen- und Nach-innen-Gehens. Erinnern Sie sich also jedesmal, wenn wir gezwungen sind, die Wörter *Anfang* und *Ende* zu benutzen, daran, daß es sich dabei nur um relative Bezeichnungen handelt, die uns das Verständnis des behandelten Themas erleichtern sollen.

Auf den folgenden Seiten werden wir weiterhin die kabbalistische Symbolik benutzen, um undenkbare Gedanken darzustellen! Versuchen Sie, eine eigene Vorstellung von den behandelten Themen zu bekommen. Jede originelle Idee, die Sie selbst haben, ist doppelt soviel wert wie zwei vorgegebene. Dieses Buch soll ein Führer sein, ein Stimulus für Ihre eigene Kreativität und kein Instrument zur Gehirnwäsche.

Fangen wir an, in großen Zusammenhängen zu denken, und stellen wir uns einmal die Entwicklung des Universums vor. Irgendwie müssen wir da hineinkommen, stellen wir uns also vor, dieser spezielle Zyklus, den wir Universum nennen, würde gerade beginnen; wir befinden uns an diesem Punkt auf dem Kreis.

Null – Nichts

Der vorangegangene Zyklus ist zu Ende, und der neue Zyklus hat noch nicht begonnen. Wir halten das Bild einen Augenblick fest, um es näher zu betrachten. Welchen Zustand finden wir also vor? Vom vorherigen Zyklus ist nichts übrig und vom neuen Zyklus ist noch nichts zu sehen, da er noch nicht begonnen hat. Wir haben es demnach mit einem Zustand zu tun, der sowohl den alten Zyklus als auch das gesamte Potential für den neuen Zyklus irgendwie enthalten muß.

Aber die neue Phase muß doch sicherlich in irgend etwas ihren Ursprung haben? Dieser Zustand zwischen den Zyklen kann allerdings noch nicht *Etwas* sein, denn es gibt noch kein *Etwas*, das da *sein* wird. Das Universum kann nicht aus der Leere heraus entstehen, denn es muß vorher etwas gegeben haben. Es muß aus dem *Nicht-Seienden*, dem *Nichts*, hervorgegangen sein. Diesen Zustand können wir auch das Nicht-Manifeste nennen.

Diese Idee ist einer der Kernpunkte, und es lohnt sich deshalb, noch etwas genauer darauf einzugehen, was sie eigentlich beinhaltet. Zum einen, daß das *Nicht-Manifeste* nicht existiert; es ist nicht-existent! Wenn es nicht existiert, kann es auch keine Eigenschaften haben; deshalb ist es unveränderlich. Es muß also eines der beständigsten Dinge überhaupt sein. Ja, es muß genaugenommen die höchste Beständigkeit sein. Doch es *enthält* die Vergangenheit und darüber hinaus alle Möglichkeiten der Zukunft; es muß also ein unendliches Potential besitzen.

Um es uns vorstellen zu können, müßte es Eigenschaften besitzen; besäße es jedoch Eigenschaften, dann wäre es manifest, und das ist es nicht. Deshalb muß es also unvorstellbar sein. Da es keine Eigenschaften besitzt, muß es für unsere Vorstellungskraft die Nichtexistenz darstellen.

Rufen wir uns noch einmal das Bibelzitat ins Gedächtnis: »Ich bin das Alpha und das Omega, der Anfang und das Ende, spricht Gott der Herr, der da ist und der da war und der da kommt, der Allmächtige.« Jetzt hat dieses Zitat für Sie möglicherweise eine tiefere Bedeutung als vorher.

Wenn wir den Entwicklungsphasen des Universums Zahlen zuordnen wollen, muß der Zustand des Nicht-Manifesten durch die Null dargestellt werden. Die meisten Okkultisten glauben, daß wir uns parallel zum Universum entwickelt haben. Wenn das stimmt, dann folgt daraus, daß in jedem von uns ein innerster Kern sein muß, der nicht-manifest ist. »Wie oben, so unten.«

Schauen Sie sich nun noch einmal das Diagramm des Lebensbaums an. Oberhalb von Kether sind die drei Schleier: Negativität, das Unendliche und das Unendliche Licht. Diese

Schleier, aus denen heraus sich der ganze Baum manifestiert, entsprechen Null, dem nicht-manifesten Zustand, der Nicht-Existenz. Wir haben damit also die erste Korrelation zur Symbolik der Kabbala gefunden:

Das Nicht-Manifeste = Die drei Schleier des Baumes

Ich hoffe, Ihnen hat diese Übung in *Bewußtseinserweiterung* gefallen. Das wäre aus zwei Gründen wichtig. Zum einen, weil die Nicht-Manifestation ein Grundprinzip darstellt. Und zum anderen, weil es ein gutes Beispiel dafür ist, wie wir anfangen können, unsere Vorstellungskraft zu erweitern und damit zu einem tieferen Verständnis zu gelangen, wenn wir uns darauf einigen, die Bedeutung der normalen Wörter über die üblichen Grenzen hinaus auszudehnen und einen Begriff aus dem anderen abzuleiten. Das ist die Basis abstrakten Denkens.

Behalten Sie das Diagramm des Lebensbaums vor sich, um die nächsten Schritte verfolgen zu können. Wir benutzen dieselben Wort-Bilder wie bisher und setzen unsere Untersuchungen fort.

Eins – Der Punkt

Wenn wir dem nicht-manifesten Zustand die Zahl Null zuordnen, dann müssen die Wurzeln aller Existenz, der erste Augenblick im Leben des neuen Universums, die Zahl *Eins* bekommen.

Stellen Sie sich eine Konzentration im Nicht-Manifesten vor. Aus dem Nichts heraus erscheint ein Punkt. Wenn Sie an den Geometrieunterricht in der Schule denken, erinnern Sie sich vielleicht, daß ein Punkt zwar einen Ort, aber keine Dimension hat. Die erste Schöpfungsdämmerung ist also immer noch nicht *wirklich* für unseren Verstand, denn es gibt für ihn nichts wirklich Faßbares; ein Punkt hat keine Größe.

Stellen Sie sich die ungeheure Weite, Macht und Schönheit des zu gebärenden Universums auf einen Punkt verdichtet vor, der keine Größe hat, nur einen Ort auf dem weiten Ozean des

Nichts. Verwenden wir den Baum des Lebens als Glyphe für die Entwicklung des Universums, dann wird dieser Seinszustand des Urpunktes der ersten Sephirah Kether zugeschrieben, der Krone. Wir haben somit die zweite Korrelation zur Kabbala gefunden:

Der Urpunkt der Schöpfung = Kether, die Krone, die erste Sephirah

Zwei – Die Gerade

Der Punkt ist die erste Erscheinung des Universums, doch wir können ihn nur mit Hilfe seines Symboles begreifen; er hat keine Form. Die Okkultisten halten an der Überzeugung fest, daß Dualität eine nötige Voraussetzung ist, damit es überhaupt zur Manifestation von irgendetwas kommen kann – es gehören zwei dazu.

In der nächsten Phase wird also ein zweiter Faktor eingeführt – die Bewegung. Der Punkt bewegt sich und läßt eine Gerade entstehen, eine eindimensionale Figur. Doch erinnern wir uns, daß der Punkt nur eine Verdichtung im Nichts war; das heißt, *nichts* hat sich bewegt. Die Ausweitung des Punktes in eine Gerade, dieser gewaltige Schrei: »Es werde Licht!« wird von den Kabbalisten Chockmah genannt.

Die erste Bewegung, die Gerade = Chockmah, die zweite Sephirah

Drei – Der Kreis

Das Nicht-Manifeste hat keine Eigenschaften, deshalb kann es auch keine Trägheit besitzen. Ist der Punkt erst einmal in Bewegung, bewegt er sich immer weiter. Doch jede Aktion ruft eine Reaktion hervor, deshalb induziert die Bewegung auch eine ihr entgegenwirkende Kraft, und man kann sich vorstellen, daß diese im rechten Winkel auf den ursprünglichen Bewegungsweg einwirkt. Das Ergebnis war, daß die ursprünglich geradlinige Bewegung langsam dazu gezwungen wurde, eine Kurve zu beschreiben, was eine weitausholende geschwungene Spur im Nichts hinterließ. Irgendwann war dann der Bogen vollendet und ein ungeheuer großer Kreis war entstanden, unvorstellbar für unseren Verstand.

Die erste räumliche Begrenzung war geschaffen, die erste Einfriedung, der erste Hinweis auf das erste Stadium der ersten Vorstellung von der ersten zweidimensionalen Form. Dieser Zustand wird Kosmosring genannt. Er stellt das Ende der ersten Schöpfungsphase dar. Das Nicht-Manifeste hat ein Kind geboren. Und damit auch eine Urmutter. Die Eigenschaften der Urmutter werden Binah zugeschrieben.

Der Kreis, die erste Vorstellung von Form = Binah, die dritte Sephirah

Vier bis Sechs – Die Kugel

Stellen wir uns nun den Kosmosring vor, diesen enormen Kreis, wie er sich beständig dreht, immer weiter und weiter über Jahrtausende hinweg. Doch nichts bleibt in der Evolution ewig statisch, wie wir bereits gesehen haben. Wieder löst Aktion Reaktion aus. Die Kräfte, die den Kreis entstehen haben lassen, müssen selbst wieder Gegenkräfte hervorrufen. Während sich der Ring also immer weiter dreht, zieht diese Bewegung allmählich immer mehr des nicht-manifesten Raumes in sich hinein. Und schließlich wird der sich drehende Ring zu einer sich drehenden Scheibe.

Wieder dauert dieser Zustand unheimlich lange an, und wieder erzeugt er irgendwann eine andere Kraft – doch diese ist wirklich aufsehenerregend! Als Reaktion auf die Drehbewegung des ersten Rings – dem Kosmosring – erzeugt sie im rechten Winkel dazu und außerhalb davon einen zweiten Ring. Dieses neue Element wird Chaosring genannt.

Noch einmal kommt das Gesetz von Ursache und Wirkung, von Aktion und Reaktion zum Tragen. Die beiden Ringe interagieren. Der ursprüngliche Kosmosring wird von dem neuen Chaosring angezogen, wodurch eine Sekundärbewegung entsteht. Der sich drehende Kosmosring dreht sich nun um seine eigene Achse und wird zu einer sich drehenden Kugel. Diese neue dreidimensionale Begrenzung wird Grenzring genannt.

Die drei goßen Ringe – Kosmosring, Chaosring und Grenzring – sind die Urkräfte dieses Universums, und *alle* Einflüsse können auf sie zurückgeführt werden. In funktioneller Hinsicht wirken sie als Einheit. Zusammen bilden sie das Grundgerüst des Universums, die Urform der Dreiheit, die Drei in Einem und die Eins in den Dreien.

Aber vergessen wir nicht, daß sich die Menschen mit dem Universum mitentwickelt haben sollen. Deshalb stellen diese gewaltigen Kräfte für uns nichts Fremdes dar. »Wie oben, so unten«. Unser innerstes Wesen ist durch eine ähnliche Struktur begrenzt wie das Universum selbst, nur sozusagen in Miniaturausführung.

Das Universum in seiner Gesamtheit wird auch manchmal Kosmos genannt, ein Wort, das aus dem Griechischen stammt und *schöne Ordnung* bedeutet. Es ist damit das Gegenteil von Chaos, einem anderen griechischen Wort, das *gestaltlos* oder *ungeordnet* bedeutet.

Die Entwicklung des Urrings (der ersten Vorstellung von Form) wurde durch die Schleier symbolisiert – aus denen die Schöpfung hervorging – Kether, der Punkt, Chockmah, die Gerade und Binah, der Kreis. Diese drei Sephiroth bilden das erste Dreieck im Baum des Lebens. Unter diesen ersten drei Sephiroth wird eine Linie gezogen. Diese Scheidelinie wird Abyssus (Abgrund) genannt. Oberhalb davon befinden sich Zustände, die so abstrakt sind, daß sie für den Geist unfaßbar sind. Im Hinblick auf die Gehirnakrobatik, die wir in den letzten Absätzen vollführen mußten, werden Sie mir sicher recht geben. Erinnern Sie sich daran, daß ich zur *Erklärung* der Anfänge der Dinge nur Symbole benutzt habe. Symbole helfen Ihnen zwar, das Undenkbare faßbar zu machen, um Einsichten zu gewinnen, aber Symbole *dürfen niemals mit der Wirklichkeit verwechselt werden*, deren Stellvertreter sie sind. Sie sind nur Werkzeuge.

Mit der Entwicklung der Kugel sind wir nun unterhalb des Abyssus gelandet. Immer noch ist alles sehr abstrakt, aber wenigstens ähnelt manches den Dingen, die wir kennen. Chesed und Geburah verkörpern die Form- und die Kraftseite der Entwicklung der Kugel und werden in Tiphereth, der sechsten Sephirah, aufgelöst, die die Vollendung dieser Phase darstellt.

Das Grundgerüst der dreidimensionalen Anfänge = Chesed, Geburah und Tiphereth, die vierte, fünfte und sechste Sephirah

Sieben bis Neun – Die Form

Die rotierende Kugel mit ihren drei Grundkomponenten ist inzwischen eine ziemlich komplexe Struktur geworden. Es ist deshalb nicht überraschend, daß die konstante Interaktion dieser Grundprinzipien neue, noch komplexere Kräfte erzeugt. Traditionell wird davon ausgegangen, daß diese Interaktionen und die daraus entstandenen neuen Interaktionen schließlich die Basis für die Form geschaffen haben, wie wir sie kennen.

Manche dieser neuerzeugten Kräfte spielen eine wichtige Rolle für unser Verständnis der okkulten Sichtweise von Leben und Form; deshalb wollen wir hier kurz darauf eingehen. Zuerst entstehen aus der Interaktion der drei großen Urkräfte – Kosmosring, Chaosring und Grenzring – eine Reihe von Radien in der Kugel. Diese Radien oder *Strahlen* sind starke Kraftströme, die den Mittelpunkt der Kugel mit ihrer Oberfläche verbinden. Wir können sie uns als große Achterbewegungen vorstellen oder als äußerst geordnete Konvektionsströme in einer erhitzten Flüssigkeit. Diese Phase der großen zirkulierenden Kräfte des Universums kann im Baum des Lebens durch Netzach symbolisiert werden.

Erinnern wir uns als nächstes daran, daß die Kugel eigentlich eine rotierende Scheibe ist. Wenn sich aber eine Scheibe dreht, drücken die Kräfte die schwereren Bestandteile nach außen; tatsächlich setzen sie sich je nach Masse irgendwo zwischen dem Mittelpunkt und dem äußeren Rand fest. Die Kugel ist deshalb nicht einheitlich zusammengesetzt, sondern aus mehreren *Schichten*. Diese Schichten sind die kosmischen Ebenen. Dieses Entwicklungsstadium des Sortierens der *Vormaterie* wollen wir mit der achten Sephirah, Hod, verbinden.

Die Strahlen reagieren beim Durchlaufen der Ebenen je nach der Dichte der Ebene ganz verschieden, und dies erzeugt wiederum eine ganze Gruppe neuer Kräfte. Aus diesen komplexen Interaktionen entsteht schließlich die Basis dessen, was wir als *Form* bezeichnen. Es ist noch lange keine feste Materie, aber wenigstens ist das Grundgerüst geschaffen!

Die Ebene, auf der die Interaktion der Strahlen stattfindet, bildet die *astrale Ebene* unseres neuen Universums. Es ist das Reich der Kräfte und zarten *Präformen*, das im Baum des Lebens von Jesod versinnbildlicht wird.

Das Grundgerüst der Form = Netzach, Hod und Jesod, die siebte, achte und neunte Sephirah

Zehn – Feste Materie

Schließlich erzeugen die immer komplexeren Interaktionen zwischen den neuentstandenen Kräften der Strahlenebene eine immer komplexere Form. Das Endergebnis dieses Prozesses ist die uns bekannte *Materie*. In der Weise, wie wir den Baum des Lebens für diese Untersuchung benutzt haben, ist Malkuth die geeignete Sephirah zur Symbolisierung fester Materie.

Die materielle Welt = Malkuth, die zehnte Sephirah

Große Wesenheiten und göttliche Funken

In jedem von uns ist die Materie auf ganz ähnliche Weise organisiert. Die dichteste Ebene nennen wir den physischen Körper. Und in seiner Mitte befindet sich die zentrale Stille, der Kern unseres innersten Wesens.

Stellen Sie sich einen Zeitpunkt nach der Entstehung des Kosmos vor. Mit Leben erfüllte Einheiten, Kerne intelligenter Energie bewegen sich nun mit den unermeßlichen Gezeiten des Kosmos mit. Manche davon haben vielleicht schon in früheren kosmischen Phasen Erfahrung gesammelt, andere sind erst kürzlich entstanden. Die ersteren werden *große Wesenheiten* genannt. Durch ihre größere *Masse* haben sie niedrigere Lebensformen angezogen und diese, die sogenannten *göttlichen Funken*, bleiben für den Rest ihrer kosmischen Phase in der Aura einer großen Wesenheit.

Stellen wir uns einmal eine dieser großen Wesenheiten vor, eine, die *alt* genug ist, um alle Phasen des gegenwärtigen kosmischen Zyklus erlebt zu haben. Nachdem sie alle äußeren Reize erfahren hat, tritt sie nun in eine subjektive Phase ein, eine Zeit der inneren Organisation. Der kosmische Hintergrund ist nun schon bekannt und zu einem Teil ihres Wesens geworden. Deshalb gibt es nichts, dessen sie sich bewußt sein müßte: alles ist subjektiv, die große Wesenheit ist sich ihrer selbst bewußt.

Der Prozeß der Selbstbewußtwerdung läßt eine Subjekt-Objekt-Schleife entstehen, durch die ein Abbild ihres eigenen Bewußtseins geschaffen wird. Das durch den Kosmos gestaltete Bewußtsein der großen Wesenheit erzeugt als Bild ihrer selbst ein Abbild des Kosmos im kleinen. In diesem System befinden sich die göttlichen Funken. Die göttlichen Funken nehmen die Struktur des Bildes wahr und arbeiten darin, erforschen seine Möglichkeiten und reagieren auf seine Beschränkungen. Durch diesen Prozeß bekommt das Bild ein gewisses Maß an Objektivität. Durch ihre Reaktionen entwickeln sich die Funken. Aus all dem Gesagten kann man die folgenden Schlüsse ziehen:

1. Die niedrigeren Lebensformen dienen den höheren Lebensformen und entwickeln sich dabei selbst.
2. Die große Wesenheit ist zwar der Schöpfer und Erbauer ihres eigenen Systems, war aber *nicht* der Schöpfer der niedrigeren Lebensformen – der Funken. Die Funken sind zwar nahezu unendlich viel kleiner, haben aber den-

selben Ursprung und dieselbe Grundstruktur wie die große Wesenheit.

3. Alles im Kosmos entwickelt sich, nichts ist statisch.

Auf diesen Betrachtungen beruht ein großer Teil der okkulten Thesen. Sie sind natürlich nur Analogien für das, was jenseits aller Beschreibung liegt. Außerdem sind es Hypothesen; sie können *wahr* sein oder auch nicht.

Eine der großen Wesenheiten ist der Schöpfer, Gestalter und Erhalter dieses unseres Sonnensystems, sowie dessen *Gott*. Die niedrigeren Lebensformen, die göttlichen Funken, sind wir selbst, die Menschen. Alles manifestierte Leben ist zyklischen Gesetzen unterworfen. Der Kosmos, das Sonnensystem und die Menschen haben allesamt ihre negativen und positiven Phasen – Geburt, Reife, Tod und Auflösung der manifestierten Form.

Am Ende dieser Evolutionsphase werden die Menschen sich so weit entwickelt haben, daß sie alle Aspekte der Projektion der großen Wesenheit erfahren und ihr eine weitere Dimension hinzugefügt haben. Das heißt, die *Gruppenmasse* der Menschheit insgesamt wird in gewissem Sinne gleich der Masse der großen Wesenheit sein. In diesem Zustand wird gegenseitige Kommunikation möglich werden, und die Menschen werden die Früchte der kosmischen Erfahrung der großen Wesenheit ernten. Was das für uns bedeuten könnte, können wir uns in unserem gegenwärtigen Entwicklungsstadium noch gar nicht ausmalen.

Siebentes Kapitel

Esoterische Anatomie

»Das eigentliche Studienobjekt der Menschheit ist der Mensch«, sprach der Poet. Nachdem wir nun einige grundlegende Informationen gesammelt und einfache Instrumente kennengelernt haben, ist es an der Zeit, uns diese faszinierende und gefährliche Kreatur genauer anzuschauen. Am Anfang aller Dinge waren die Welt und die Menschen natürlich noch ganz anders als heute. Mit der Entwicklung des Universums von einem subtilen System interagierender Kräfte zu einer immer komplexeren physischen Form haben sich nach Ansicht der esoterischen Tradition auch unsere Körper entwickelt.

In jedem von uns ist als Reaktion auf jede neue Evolutionsphase des Universums ein neuer Körper entstanden. Da dieser Körper dieselbe Substanz hat wie die entsprechende Ebene, war es uns damit möglich, diese Phase zu durchleben und alle neuen Charakteristika zu erfahren. Deshalb ist jeder von uns ein Universum in Miniaturausführung, und das Universum wird manchmal als Mensch symbolisiert.

Jeder Evolutionsphase entspricht also eine Ebene in unserem Innersten. Doch diese Ebenen oder Körper sind nicht voneinander getrennt. Jede Ebene ist ein Ausdruck unseres innersten Wesenskerns, des Geistes; und jeder Körper stellt einen Funktionsaspekt dieses Wesens dar. Jeder von uns ist ein vollständiges Wesen. Jeder Teil existiert zwar einzeln – aber nicht getrennt voneinander. Kein Körper ist wichtiger als ein anderer. Nicht einmal der Geist kann in den auf der Erde herrschenden Bedingungen ohne einen physischen Körper wirken.

Zu Anfang dieser Evolutionsphase traten im Gefolge der großen Wesenheit die göttlichen Funken in Erscheinung. Um deren zarten Kern bildeten sich mit der Zeit die Körper der späteren Evolutionsstadien. Der göttliche Funke (oder Geist) prägte allen später dazukommenden Körpern seinen Stempel auf. Der Geist ist das wahre Wesen; deshalb müssen alle später hinzugekommenen Körper ein Ausdruck seines einzigartigen Zieles sein.

Im Grunde ist jeder von uns eine Einheit und sollte auch als solche funktionieren. Weshalb analysieren wir diese Einheit dann? In der Praxis gibt es zwei gute Gründe dafür. Zum einen, weil in der Evolution nicht immer alles glattläuft. Wir haben einen freien Willen und können Fehler machen; und das tun wir auch! Aufgrund solcher Fehler in der Vergangenheit haben sich *Risse* gebildet zwischen den *höheren* Teilen, die eine gute Vorstellung davon hatten, was zu tun sei, und den später entwickelten *niedrigeren* Körpern, die manchmal ihren eigenen Weg gehen wollten und einen eigenen Willen entwickelt haben.

Zum anderen, weil *praktischer* – im Gegensatz zu theoretischem – Okkultismus nicht richtig praktiziert werden kann, bevor das Zusammenwirken und die Wechselbeziehung der Körper auf den verschiedenen Ebenen klar verstanden wurde. Der praktizierende Okkultist muß praktisch sein. Egal wie bewußt Sie sich Ihrer grundsätzlichen Einheit sind und wie sehr Sie Ihre in der Vergangenheit begangenen Fehler bedauern, so wissen Sie doch, daß Sie in den Bedingungen arbeiten müssen, die im Hier und Jetzt gelten, wenn Sie wirklich etwas ausrichten wollen, anstatt nur zu theoretisieren.

Bei unserer Studie über die Menschheit ist es angebracht, uns den Menschen auf zwei verschiedene Arten vorzustellen, nämlich strukturell und funktionell. Die Untersuchung unserer inneren Struktur wird esoterische Anatomie genannt, die Untersuchung unseres Verhaltens hingegen esoterische Physiologie. In diesem Kapitel wollen wir uns hauptsächlich mit der Struktur beschäftigen und uns einige Systeme zur Unterteilung unserer verschiedenen Körper ansehen.

Klassifikationssysteme

Zweier-Klassifikation: Die erste Methode, die verschiedenen Teile des Menschen zu klassifizieren, besteht in der Zweiteilung des Körpers:

1. Stofflich   Körper
2. Nicht-stofflich Gefühle, Verstand und Geist

Mit diesem System wird das menschliche Wesen jedoch nur von seinem physischen Vehikel unterschieden.

Dreier-Klassifikation: Diese Methode stimmt mit der herkömmlichen christlichen Vorstellung überein:

1. Körper   Körper (einschließlich Gehirn)
2. Seele   Verstand und Gefühle
3. Geist   Die wirkliche Person

In manchen christlichen Texten ist nur von Seele und Körper die Rede, was dann heißt, daß die Seele die geistige Natur einschließt.

Vierer-Klassifikation: Dieses System ist in der westlichen Mysterientradition weit verbreitet. Es ist eine praktische Unterteilung, die auf der tatsächlichen Funktion beruht. Der nicht-stoffliche Aspekt wird dabei in drei verschiedene Bereiche unterschieden:

1. Körper   Körper (einschließlich Gehirn)
2. Gefühle   Oft auch Astralleib genannt
3. Verstand Denken und abstrakter Verstand
4. Geist   Das wahre menschliche Wesen

Diese Einteilung ist äußerst nützlich, da sie Parallelen zu den Erkenntnissen der modernen Psychologie zuläßt.

Siebener-Klassifikation: Dieses System sollte Ihnen eigentlich bekannt sein, da es häufig vom traditionellen östlichen Okkultismus verwendet wird. Im Westen benutzen wir es vor allem für die theoretische Arbeit. Es entspricht den sieben Ebenen des Universums und damit auch den sieben Körpern, die wir im Laufe unserer Evolutionsreise annehmen. Aus ihm wurde das Vierer-System durch Zusammenziehen der abstrakten und konkreten Aspekte eines Körpers in eine Gruppe abgeleitet.

1. Körper	Körper (und Gehirn)
2. Konkrete Gefühle	Normale Gefühlsfunktion
3. Abstrakte Gefühle	Höhere emotionale Gefühle
4. Konkreter Verstand	Der normale logische Verstand
5. Abstrakter Verstand	Abstrakte (nicht-erdachte) Ideen
6. Konkreter Geist	Der *machende* Aspekt des Geistes
7. Abstrakter Geist	Der *seiende* Aspekt des Geistes

Es kann hilfreich sein, sich einige dieser Einteilungen etwas genauer anzusehen, um ein klares Bild davon zu bekommen, was mit den Beschreibungen gemeint ist. Manche Okkultisten sind schlimmer als Computerfreaks, wenn es darum geht, mit Spezialausdrücken um sich zu werfen.

Unter konkreten Gefühlen werden Gefühle wie Wut, Trauer, Freude, Begierde und so weiter verstanden, während zu den abstrakten Gefühlen eher selbstlose Liebe, Hingabe an ein Ideal und religiöse Gefühle gerechnet werden. Zum konkreten Verstand gehört das normale Denken und der logische Verstand, der Probleme löst und Pläne schmiedet. Der abstrakte Verstand hingegen ist kreativ, inspiriert und hat Ideen, die man mit vielen Worten umschreiben muß. Der konkrete Verstand denkt in Worten, der abstrakte Verstand denkt in ganzen Konzepten und steht damit dem Wirken des Geistes sehr nahe. Die Bezeichnung *konkreter Geist* scheint ein Widerspruch an sich zu sein, doch was tatsächlich damit gemeint ist, ist der dynamische Teil unserer Lebensessenz. Wenn wir von *spirituellem Willen* sprechen, beschreiben wir damit einen Teil des konkreten Geistes. Der abstrakte Geist ist der innerste Kern unseres Wesens; er IST einfach.

Und schließlich ist da noch der physische Körper. Wir haben gesagt, daß das Gehirn zum Körper dazugehört, was sich eigentlich von selbst versteht. Doch viele Menschen denken, Gehirn und Verstand seien ein und dasselbe. Dem ist nicht so. Das Gehirn ist nur das Instrument des konkreten Verstandes, das ähnlich einer wunderbaren Telefonzentrale alle Teile des Körpers miteinander verbindet. Wollen Sie zum Beispiel einen Brief schreiben oder ein Diagramm zeichnen, dann benutzen Sie Ihren Verstand, und das Gehirn muß dann eingeschaltet werden, um die nötigen Befehle an den Körper weiterzugeben.

Die Molekularstruktur des physischen Körpers ist in einen unsichtbaren Rahmen hineingebaut, in eine Art magnetisches Feld. Und in dieser feinen Struktur, die das Vehikel der animalischen Lebenskräfte darstellt, findet auch neues Wachstum und die Erneuerung, die wir *Heilung* nennen, statt. Dieses Netz aus unsichtbaren Kräften nennen wir den Ätherleib.

Aus der Sicht der Evolution

Die Menschen und ihre Körper können jedoch auch noch aus einem anderen Blickwinkel betrachtet werden, und zwar aus der Sicht der Evolution. Im vorigen Kapitel sind wir auf einige dieser Ideen kurz eingegangen. Wir wollen sie an dieser Stelle noch ein bißchen weiterspinnen. Wir können uns vorstellen, wir seien spirituelle Wesen, die unsterblich und ewig seien und im Universum blieben, bis wir uns soweit entwickelt hätten, daß wir unser Schicksal, unseren Teil des großen Planes erfüllt hätten. Wenn wir dieses Stadium erreicht haben, sind die Gesetze des Universums zu einem Teil unseres Wesens geworden. Wir haben das Gesetz transzendiert, indem wir *selbst zum Gesetz geworden sind* und sind nun Götter, sich entwickelnde Zentren im Kosmos.

Wir haben gesehen, daß der Geist in jeder Evolutionsphase Körper entstehen läßt, die als Vehikel dienen, mit Hilfe derer er die Seinszustände in dieser Phase wahrnehmen und erleben kann. Wenn die dichteren Ebenen entwickelt werden, gehören zu den Gesetzen dieser Ebenen auch *Tod* und *Geburt*, wie wir sie verstehen. Physische Körper sind den Gesetzen und Bedingungen der Welt unterworfen, da sie aus demselben Stoff wie diese sind. Sie sind den Spannungen und Belastungen dieser hochverdichteten physischen Welt ausgesetzt und halten dem nur eine begrenzte Zeit stand. Deshalb *reinkarnieren* unsere feinstofflicheren Aspekte in regelmäßigen Abständen immer wieder in neue Körper.

Nun können diese feinstofflicheren Anteile des Menschen die dichte Materie nicht direkt erfahren – sondern nur über den physischen Körper –, doch sie lernen, indem sie die Essenz der Erfahrung des physischen Körpers auf Erden in sich aufnehmen und verarbeiten. Dieser Prozeß findet meist nach dem *Tode* statt.

Während der materiellen Evolutionsphase projizieren die feinstofflicheren Teile viele physische Körper in die Materie und sammeln dabei einiges an Erfahrung an. Sie werden insgesamt als *Individualität* bezeichnet, da sie den wahren Menschen verkörpern sowie die gesamte Erfahrung, die wir bisher in unserer Evolution sammeln konnten. Die dichteren Teile, die die Prozesse von Inkarnation und Reinkarnation, Geburt und Tod tatsächlich durchlaufen, werden *Persönlichkeit* genannt. Das heißt also, die *Persönlichkeit* verkörpert die Erfahrung eines Lebens, während die *Individualität* die Erfahrung von vielen Jahrtausenden in sich birgt. Anhand unserer siebenfachen Gliederung werden die Zusammenhänge zwischen unserem anatomischen Modell und unserem Evolutionsmodell leicht erkennbar:

Sieben Ebenen *Anatomisches Modell*	*Vier Ebenen* *Evolutionsmodell*
Abstrakter Geist	Geist, das innerste Wesen
Konkreter Geist	
Abstrakter Verstand	Individualität
Konkreter Verstand	
Abstrakte Gefühle	Persönlichkeit
Konkrete Gefühle	
Körper/Gehirn/Ätherleib	Das physische Wesen

Ausgehend von unserer Evolution sind wir also zu einer neuen Vierer-Unterteilung gelangt. Für die Persönlichkeit in diesem Leben stellt die Individualität einen riesigen Erfahrungsschatz dar, allwissend und allmächtig. Allgemein gesprochen gilt dies zumindest für die anfängliche Arbeit in der okkulten Entwicklung. Allerdings kann auch die Individualität Fehler begangen haben; sie kann zum Beispiel gesagt haben, »mein Wille geschehe« statt »Dein Wille«. Für den abstrakten Geist mag die Individualität deshalb auf Abwege geraten sein! Alles ist relativ.

Im Baum des Lebens wird der Geist Kether zugeordnet, die Individualität Chockmah-Binah (konkreter Geist) und Chesed-Geburah (abstrakter Verstand); die Persönlichkeit wird mit dem unteren Dreieck aus Netzach, Hod und Jesod gleichgesetzt, und der physische Körper wird immer Malkuth zugeschrieben.

Sie haben inzwischen schon einiges von dem Spezialwortschatz des westlichen Okkultismus gelernt. Doch Definitionen und Klassifikationen behindern die Wahrheit nur, wenn sie nicht konstruktiv benutzt werden. Versuchen Sie diese Ideen zum Leben zu erwecken, indem Sie über sie nachdenken und sie auf dem Baum des Lebens ausprobieren.

Psychologische Entsprechungen

Inzwischen müßten Sie eigentlich eine gewisse Vorstellung von den verschiedenen Systemen haben, mit denen unsere innerste Natur unterteilt werden kann. Wir haben gesehen, daß wir bei unserer Reise durch die Ebenen zunehmender Dichte *Körper* entwickelt haben, die es uns ermöglichen, in den von uns vorgefundenen Lebensumständen zu fühlen und zu handeln.

Häufig wird von der Annahme ausgegangen, das Universum bestehe aus sieben Ebenen. Warum kann man dann nicht einfach, da wir ja offensichtlich Miniaturausführungen des Universums sind, diese Unterteilung in sieben Ebenen auf den Menschen übertragen und damit alle Komplikationen vermeiden? Der Grund, warum auch noch andere Systeme angewandt werden, ist eine Frage der Funktion. In der Praxis ist es schwierig, *abstraktes* und *konkretes* Funktionieren auseinanderzuhalten, denn das eine schließt meist das andere mit ein. Deshalb greift man häufig auf das praktische und einfache Vierer-System zurück.

Wenn ein neuer Körper für eine bestimmte Ebene entsteht, so stellt dieser kein in sich geschlossenes System dar, sondern ein neu dazugewonnenes Instrumentarium und die Fähigkeiten, es anzuwenden, eine Erweiterung der Funktionskapazität des Geistes. Nichts Neues also, sondern eine Erweiterung dessen, was bereits vorhanden war. Vielleicht merken Sie jetzt, warum es in der Praxis unmöglich ist, die verschiedenen Bewußtseinsebenen oder Teile des Körpers getrennt zu betrachten.

Ein gefährlicher Nebeneffekt der zwanghaften Neigung des westlichen Menschen, alles klassifizieren zu wollen, besteht darin, daß man sich im Geist ein falsches Bild macht, das auf der Struktur des Ordnungssystems beruht anstatt auf den Dingen, die da in eine Ordnung gebracht wurden. Ein typisches Beispiel dafür ist die Vorstellung vom Menschen als einer senkrechten Struktur mit dem Geist *oben* und der materiellen Welt *unten*. Unglücklicherweise verstärken solche Bilder unsere religiösen Vorstellungen aus der Kindheit, in denen Marmorengel immer nach oben in ein Paradies irgendwo im Himmel zeigten.

In Wirklichkeit befinden sich die *höheren* Ebenen genauer genommen weiter *innen*. Die Ebenen haben keine räumliche Ausdehnung; sie stellen verschiedene Möglichkeiten der Manifestation des Geistes dar, komplexe Wirkungsweisen in der materiellen Welt und einfache im Bereich des Geistes. Stellen Sie sich einfach vor, Sie bestünden aus einem spirituellen Kern und der *äußerste* Körper sei kristallisierter Geist. Mit dieser Denkweise, die immer noch symbolisch ist, wird der Fehler vermieden, sich den Geist als eine Art Fesselballon vorzustellen, der irgendwo über dem Kopf schwebt! Außerdem erlaubt sie Vergleiche mit wertvollen Erkenntnissen der modernen Psychologie.

Es gibt viele psychologische Systeme, und alle enthalten brauchbare Elemente; doch das einzige, das dem Ideal eines umfassenden Systems nahekommt, das nicht nur unsere inneren Welten beschreibt, sondern auch hilft, dort eine Ordnung hineinzubekommen, ist das System von C. G. Jung. Er baute seine Theorie und Praxis auf Beobachtungen und praktische Experimente auf, und es ist ermutigend zu sehen, wie nahe seine Erkenntnisse der traditionellen okkulten Theorie kommen. Jungs Lehre über das Wesen der Psyche (die innere Welt), deren Struktur und die Art und Weise, wie unser bewußter Teil sich ihr gegenüber verhält, kommen der Sichtweise der Okkultismustradition des Westens sehr nahe.

Wir wollen uns für einen Moment einmal die Psyche näher anschauen; die physischen Elemente (einschließlich Ätherleib), die wir zuvor erörtert haben, werden also erst einmal ausgeklammert. Vor diesem Hintergrund können unsere psychischen Anteile folgendermaßen dargestellt werden:

> Emotionaler Körper
> Mentaler Körper
> Spiritueller Körper

Und aus der Sicht der Evolution:

> Persönlichkeit
> Individualität
> Geist

Jung verwendet den Begriff *Psyche* in einem ziemlich umfassenden Sinn; nach seiner Definition gehören dazu sowohl alle bewußten wie auch alle unbewußten Funktionen. Die Psyche besteht also aus zwei sich gegenseitig ergänzenden Bereichen, dem Bewußten und dem Unbewußten, deren Eigenschaften sie zu Gegenpolen machen, wie etwa männlich/weiblich. Das Ich ist das Zentrum des Bewußtseinsfeldes und kann sich – mehr oder weniger – in beiden Bereichen umherbewegen.

Jeder von uns tritt mit der Welt in Kontakt und paßt sich auf seine ganz eigene Art und Weise an deren Anforderungen an. Jung kam nach langen, sorgfältigen Untersuchungen zum Schluß, daß die Psyche vier verschiedene Wirkungsweisen besitzt. In jedem Menschen ist gewöhnlich eine davon vorherrschend und bewußt, während er sich der anderen drei, die häufig unbewußt bleiben, meist wenig bedient. Er nannte diese vier Wirkungsweisen *die vier Funktionen*, die da sind: Denken, Fühlen, Empfinden und Intuieren. Ein Mensch ist meist nur einer dieser Funktionstypen, je nachdem welcher Funktion er sich vorzugsweise bedient. Wären wir vollkommen ausgeglichene Wesen, könnten wir bewußt zwischen allen vier Funktionen wählen, um eine bestimmte Situation zu meistern, doch die meisten würden trotzdem nur auf eine Weise reagieren – nämlich auf die Weise, die ihrem *Typ* entspricht.

Die vier Funktionen lassen sich in zwei Begriffspaare aufteilen, die man sich in Diagrammform als ein Kreuz vorstellen kann, bei dem sich jeweils ein Begriffspaar gegenübersteht. Das Denken ergänzt das Gefühl, und die Empfindung ergänzt die Intuition.

Der von Natur aus vorherrschende Typ wird *Hauptfunktion* genannt oder auch *Funktionstypus*. In Abbildung 8 ist die Hauptfunktion das Denken, es ist eine völlig bewußte Funktion, während sein ergänzendes Prinzip, das Fühlen, vollständig im unbewußten Bereich liegt, außerhalb des Einflußbereiches des bewußten Willens. Die anderen beiden Funktionen

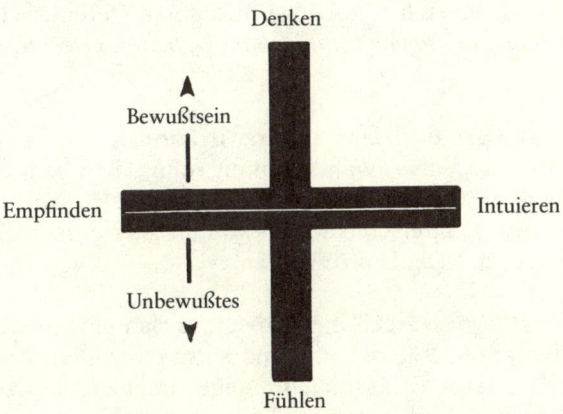

Abbildung 8: Die vier Funktionen nach C. G. Jung

sind, wie wir noch sehen werden, teils bewußt und teils unbewußt.

Bei einem anderen Funktionstypus – sagen wir einmal Empfinden – würde diese Funktion im Diagramm ganz oben stehen, während ihre Ergänzung, die Intuition, im Diagramm unten, also vollständig im unbewußten Bereich angesiedelt wäre. Die anderen beiden Funktionen – Denken und Fühlen – wären dann teilweise bewußt und teilweise unbewußt.

Sie können sich Ihre unbewußte Funktion als Ihr *inneres Selbst* vorstellen; ihre Eigenschaften bestimmen Ihre *innere Einstellung*, ebenso wie Ihre bewußte Funktion Ihre *äußere Einstellung* beeinflußt – Ihr Gesicht, das Sie der Welt zeigen. Im Idealfall müßte man eigentlich in der Lage sein, sich je nach Bedarf aller vier Funktionen gleichermaßen zu bedienen. Solch ein Grad der Vollkommenheit ist jedoch selten; allerdings ist er eines der Ziele der okkulten Ausbildung.

Es folgt eine Aufstellung der vier Funktionstypen mit ihren wichtigsten Charakteristika. Welcher Typ sind Sie?

Denktypus: Versteht die Dinge und begegnet der Welt durch logisches Denken und intellektuelle Schlüsse. Das Kriterium ist *richtig* oder *falsch*.

Fühltypus: Versteht die Dinge über seine Gefühle. Hier ist das Kriterium *angenehm* oder *unangenehm*, *erfreulich* oder *unerfreulich*.

Empfindungstypus: Das ist eine irrationale Funktion, die urteilsfrei ist, also Wahrnehmung ohne Bewertung. Der Empfindungstypus registriert die Welt um sich herum eher in Form von unterschiedlichen Stimuli als sie über die Gefühle oder das Denken zu deuten.

Intuitiver Typus: Auch hier handelt es sich um eine irrationale Funktion. Wie der Empfindungstypus *nimmt er wahr*, doch in diesem Falle mit Hilfe eines unbewußten Mittels, das die tiefere Bedeutung der Dinge erfaßt.

Es ist immer wieder schwierig, sich selbst zu beurteilen, vielleicht ist es deshalb besser, wenn Sie einen Freund oder eine Freundin bitten, Ihnen zu sagen, welcher Typ Sie seiner oder ihrer Meinung nach sind. Es ist interessant, einmal auszuprobieren, wie Sie auf eine bestimmte Situation in Ihrem Leben reagieren würden, wenn Sie sich Ihrer unbewußten anstatt wie gewöhnlich Ihrer bewußten Funktion bedienen würden. Da können ganz schöne Überraschungen herauskommen.

Malkuth im Baum des Lebens werden als Symbole die vier alchimistischen Elemente zugeordnet. Feuer, Wasser, Luft und Erde sind ganz einfach verschiedene Energiezustände – oder verschiedene Zustände der Materie, wenn Ihnen das lieber ist. Luft ist der subtilste und am freisten bewegliche und Erde der dichteste Zustand. Interessant ist auch der Vergleich zwischen den vier psychologischen Typen und den Elementen:

Erde: Empfindungstypus
Luft: Intuitiver Typus
Feuer: Denktypus
Wasser: Fühltypus

Eines der Ziele der Psychologie von C.G. Jung besteht in der Integration der unbewußten Funktionen der Seele in den Bereich des Bewußtseins. Wird dieser Vorgang richtig gelenkt, können dadurch alle möglichen wertvollen Talente, Verhaltensweisen und Leidenschaften für den bewußten Gebrauch zugänglich gemacht werden. Es ist interessant, daß die frühen Bestrebungen der westlichen Okkultismustradition in eine ganz ähnliche Richtung gingen, obwohl natürlich andere Bezeichnungen benutzt wurden.

Eine wichtige Rolle im System von C.G. Jung spielt die Vorstellung von den *Gegensatzpaaren*, obwohl man vielleicht besser von *komplementären Prinzipien* oder *Komplementärkräften* sprechen würde, um die Idee von der gegenseitigen Ergänzung zu einem Ganzen stärker hervorzuheben. Theoretisch kann man sich die Seele als eine elektrische Batterie mit zwei Polen vorstellen, einem negativen und einem positiven. Der Spannungsunterschied zwischen ihnen bringt das gesamte

System zum Laufen. Das Bewußtsein und das Unbewußte sind die beiden großen Komplementärkräfte, und zwischen ihnen fließt ständig Energie, wie in unserem erwähnten Beispiel von der Batterie.

Die Weite der inneren Welt unserer Seele – die sechs Siebtel der ganzen Person ausmacht – teilt sich in zwei Bereiche auf. Der erste Bereich enthält *vergessenes* Material und alle Dinge, mit denen wir uns nicht konfrontieren wollen. Dieser Bereich wird *das persönliche Unbewußte* genannt. Bei dem zweiten handelt es sich um einen umfassenderen und weiter in die Tiefe reichenden Bereich, in dem die ältesten und allgemeinsten Vorstellungsformen und Triebe der gesamten Menschheit enthalten sind. Dieser Bereich wird von Jung *das kollektive Unbewußte* genannt. Jung geht sogar davon aus, daß es noch einen tieferen Bereich gibt, der allerdings nie bewußtgemacht werden kann.

Sie erinnern sich sicher, daß wir in unserer Betrachtung der Menschheit aus der Sicht der Evolution die innere Welt in drei Ebenen unterteilt haben. Wir können nun diese beiden Klassifikationssysteme einmal nebeneinanderstellen:

Persönlichkeit	Bewußtsein
	Persönliches Unbewußtes
Individualität	Kollektives Unbewußtes
Geist	Der Bereich des Unbewußten, der nie bewußtgemacht werden kann

Im Baum des Lebens könnte das Bewußtsein von der Sephirah Malkuth symbolisiert werden, das persönliche Unbewußte von dem Dreieck Netzach-Hod-Jesod, das kollektive Unbewußte von dem darüberliegenden Dreieck Chesed-Geburah-Tiphereth und der Bereich des Unbewußten, der nie bewußtgemacht werden kann, durch das Dreieck der Überirdischen Kether-Chockmah-Binah. In dieser Anwendungsform des Lebensbaums steht Malkuth nicht nur für das Gehirn, sondern auch für den bewußten Teil der Seele.

Wenn wir diese Vergleiche als grobe Richtlinie nehmen, werden Sie feststellen, daß die verschiedenen nicht-physischen Körper jedes Menschen aus dem *Stoff* der unbewußten Welt sind. Das Königreich des Himmels ist tatsächlich in uns selbst – allerdings auch die Hölle!

Beschäftigen wir uns noch einmal mit dem abstrakten Verstand (sehen Sie in der Tabelle nach). Sie werden merken, daß er tief im Unbewußten verwurzelt ist. Um dorthin zu gelangen, müssen Sie eine Reise durch die unbewußten Bereiche machen. Bevor diese Bewußtseinsebene für Sie also ständig zugänglich wird, müssen Sie viel an sich arbeiten. Viel Unbewußtes muß bewußtgemacht werden, eine Menge verschüttetes Material muß ans Licht gebracht werden, und eine Reihe von Verwicklungen und Blockaden müssen beseitigt werden.

Um dieses Ziel zu erreichen, müssen wir »den krummen Weg gerade machen« wie es in der Bibel heißt. Zuerst muß der bewußte Verstand gestärkt und trainiert werden, dann werden die unbewußten Tiefen langsam geöffnet und eine *Jakobsleiter* zwischen den inneren und äußeren Ebenen errichtet. Ein Grund, weshalb dieses Ritual in der okkulten Tradition des Westens so weit verbreitet ist, liegt darin, daß es die Sprache der unbewußten Welten spricht. Mit Hilfe dieses Rituals kann das Unbewußte unter der Kontrolle des Geistes gefahrlos auf das bewußte Selbst ausgerichtet werden.

Die Stadien der praktischen Arbeit, in denen man sich mit diesen Vorgängen beschäftigt, werden auch *Kleine Mysterien* genannt. Und keinem Schüler sollte erlaubt werden, dieses Stadium zu verlassen, solange er nicht ein vernünftiges Maß an Integration erreicht hat. Da sich die Arbeit auf der nächsten Stufe, den sogenannten *Großen Mysterien*, mit der Individualität befaßt, werden Sie einsehen, daß die Vorarbeit unvermeidlich ist, auch wenn sie noch so langwierig und schmerzhaft ist. Die Vorarbeit für die Wegbereitung zu den Toren des wahren Selbst ist absolut notwendig; niemand kann auf Sand bauen. Auf das psychologische System von C.G. Jung werden wir später noch im einzelnen eingehen.

Achtes Kapitel

Esoterische Physiologie

In diesem Kapitel geht es um die Natur des menschlichen Wesens. Damit meinen wir nicht das Fleisch und Blut des Menschen in natura. So glorreich die Gattung Mensch auch sein mag, so betrachtet die esoterische Physiologie die physische Form doch einzig und allein als Vehikel zur Manifestation der Liebe, Weisheit und Macht des inneren Wesens, das ewig ist, unzerstörbar und zeitlos. Wir werden also gemeinsam – Sie und ich – etwas Zeit damit verbringen, die eigentliche (innere) Konstitution des menschlichen Wesens zu untersuchen.

Zur Definition der verschiedenen Ebenen des menschlichen Wesens werden eine Reihe von Spezialbegriffen herangezogen. Unglücklicherweise werden diese Bezeichnungen häufig auch im weiteren Sinne und ziemlich unspezifisch benutzt. Es ist deshalb nötig, ein bißchen Zeit darauf zu verwenden, diese Grundbegriffe zu klären.

Die Individualität

Die Persönlichkeit ist das Vehikel einer Inkarnation. Über die Persönlichkeit wird der Kontakt zu dem hergestellt, was die meisten Menschen *die reale Welt* nennen. Durch sie werden Eindrücke gewonnen und Erfahrungen auf dieser Ebene gesammelt. Die Individualität ist das Vehikel der Evolution – eine ungeheuer lange Zeitspanne. Die Individualität äußert ihren Willen über die Persönlichkeiten und speichert die Essenz ihrer Erfahrungen. Der Geist ist ewig. Er strebt nach Fortführung des Plans und wirkt durch die Individualität.

Am Ende der vollkommenen Evolution wird die gesamte Manifestation zusammengezogen in das *verborgene Herz Got-*

tes. Wie oben, so unten; die Individualität wird deshalb ebenfalls in das *verborgene Herz* des Geistes zusammengezogen, das die Quintessenz ihrer unendlich langen Erfahrung in sich aufnimmt. In der nächsten Evolution wird sich auf der Basis der bis dahin vom Geist angesammelten Erfahrung eine neue Individualität entwickeln. Und der ganze Prozeß wird sich solange fortsetzen, bis der Geist die Begrenzung dieses Systems transzendiert und zu einem Gott wird. Doch die Göttlichkeit ist für die meisten von uns noch meilenweit entfernt, kehren wir also in Bereiche zurück, die uns im Moment näher liegen.

Inzwischen ist sicher klargeworden, daß zwischen der Individualität und der gegenwärtigen Persönlichkeit in etwa dasselbe Verhältnis besteht wie zwischen dem Geist und der Individualität. Wie die Individualität die Persönlichkeit lenkt, so lenkt auch der Geist seine Individualität in die Bereiche, die für die noch zu gewinnende Erfahrung am besten geeignet sind.

Die Persönlichkeit ist und bleibt das einzige Mittel, mit dem wir direkte Erfahrung in der materiellen Welt sammeln können, und das Ziel der Evolution ist es, das Königreich auf Erden zu errichten. Deshalb muß es eigentlich einsichtig sein, daß ein dringendes Bedürfnis danach besteht, die Persönlichkeit freizumachen von ihren Verhärtungen und Verwicklungen, damit sie zu einem besseren Vehikel zum Handeln und Wahrnehmen in der Welt wird.

Nachdem ein bestimmtes Maß an Evolution vollzogen wurde, ist die Individualität in der Lage, Persönlichkeiten hervorzubringen, die sich ihrer Bedürfnisse zumindest bis zu einem gewissen Grad bewußt sind. Danach ist der Prozeß kumulativ. Je weiter die Entwicklung fortschreitet, desto mehr kann jede neue Persönlichkeit von dem wahren Sinn und Zweck ihrer Individualität zum Ausdruck bringen. Dadurch kann sich die Individualität wiederum schneller entwickeln und noch bessere Persönlichkeiten hervorbringen und so fort. Wenn Sie eine Sehnsucht nach den unsichtbaren Wirklichkeiten in welcher Form auch immer empfinden, dann sind Sie womöglich gerade genau an diesem Punkt.

Natürlich handelt die Individualität nicht voll und ganz aus eigenem Entschluß; sie ist ein Vehikel des Geistes – das auf die Seinszustände der *höheren*, nicht-materiellen Ebenen reagiert und danach handelt. Allerdings ist dieser uralte Speicher an Energie, Wissen und Erfahrung in uns im Vergleich zur Persönlichkeit so unermeßlich groß, daß es oft so *scheinen* mag, als funktioniere er als eigenständiges Wesen.

Im Idealfall müßte die Persönlichkeit auf den Ebenen der dichten Materie eigentlich ihrem Vorbild, der Individualität, nacheifern. Leider kommt aufgrund von Fehlern in der Vergangenheit bei der Projektion fast ausnahmslos ein armseliger Abklatsch des Originals zustande. Es kommt also zu einer *Spaltung* zwischen den beiden Ebenen; die Kommunikation ist ernsthaft beeinträchtigt, und die Persönlichkeit hat möglicherweise andere Motive herausgebildet, wenn nicht gar entgegengesetzte. Probleme dieser Art sind die Regel.

Stellen wir uns nun eine perfekte Situation vor: ohne Spaltung. In diesem Falle würde die Persönlichkeit die Wünsche der Individualität für die materielle Ebene auslegen; sie würde sich die beste Methode aussuchen und danach handeln. Aber bis zum Anbrechen dieses glücklichen Tages muß das höhere Selbst seinem niedrigeren Vehikel gegenüber seinen Willen weniger direkt äußern. Träume sind ein Beispiel für das Wirken der Individualität, das in die Sprache des persönlichen Unbewußten hineinprojiziert und übertragen wird. Viele Träume scheinen nichts anderes zu sein als ein willkürliche Aneinanderreihung von Episoden der Ereignisse des vergangenen Tages. Andere scheinen eine tiefe Bedeutung zu haben, auch wenn uns nicht immer klar ist, was genau damit gemeint ist. Doch es lohnt sich, alle Träume genau zu untersuchen. Denn der springende Punkt ist nicht so sehr die scheinbare Trivialität von manchen Ereignissen, sondern wie und in welcher Reihenfolge sie dargestellt sind und welche Bedeutung sie für die Persönlichkeit haben.

Stellen Sie sich die Individualität als jemanden vor, der das dringende Bedürfnis hat, seine Wünsche mitzuteilen. Doch da gibt es eine Sprachbarriere, und er ist deshalb gezwungen, seine Bedürfnisse anhand von Fotos auszudrücken, die er aus der Tageszeitung herausgerissen hat. Er hat keine andere Wahl, als die besten Bilder zu benutzen, die ihm zur Verfügung stehen!

Aufgrund der bereits erwähnten Spaltungen hat die Persönlichkeit ein eigenes Bewußtsein und eine eigene Identität entwickelt. Und diese sind bestimmt durch ihre Erfahrungen in der Welt um sie herum – mit ihren Kriterien von Freude und Schmerz, Leben und Tod, Gewinn und Verlust, Sicherheit und Gefahr sowie ihren Vorstellungen von Moral – die je nach dem psychologischen Typus, den wir im letzten Kapitel kurz erwähnt haben, gefärbt sind. Wahrscheinlich würde jeder Kommunikation von *oben* sowieso der Zutritt zum Bewußtsein verweigert, da sie aus irgendeinem Grunde nicht akzeptierbar wäre. Träume umgehen diesen kritischen Mechanismus des Verstandes und können wertvolle Botschaften übermitteln. Aber es ist eine traurige Situation – vergleichbar mit einem General, der seine Armee auf das Schlachtfeld führen muß und darauf angewiesen ist, seine Befehle an die Truppen in Form von Scharaden weiterzugeben, doch diese blicken nur ab und zu zu ihm her. Was dabei herauskommt, stellt man sich lieber gar nicht erst vor! So stellt sich die Situation in der Seele des durchschnittlich intelligenten und gebildeten westlichen Menschen der heutigen Zeit dar. Es ist auch dieselbe Situation, der sich ein Psychiater bei der Traumanalyse gegenübersieht. Und falls Sie nicht bereits ein Adept sind, trifft das auch auf Sie zu.

Während Träume die Persönlichkeit sicherlich lenken und das Lebensmuster stark beeinflussen können, werden von der Individualität im Laufe der Evolution in verstärktem Maße auch andere Techniken eingesetzt. Eine davon ist intuitives Denken, das sich in verschiedenster Form manifestieren kann und von einer *leisen Ahnung* bis zu einer kompletten Idee reichen kann, zu deren Formulierung viele Worte nötig sind. Solche Eindrücke oder Einfälle scheinen uns spontan in den Sinn zu kommen, wenn die Persönlichkeit gerade mit anderen Dingen beschäftigt ist und nicht aufpaßt.

Ein Ziel der okkulten Ausbildung ist es, sich dieser Mittel verstärkt zu bedienen. Die Ausbildung ist im Prinzip einfach,

aber keineswegs leicht. Der Verstand, der häufig der Haupt-
übeltäter ist, muß dazu gebracht werden, Befehle auszuführen,
anstatt die ganze Zeit über selbst Befehle zu erteilen. Die mentalen und emotionalen Blockaden und Verwicklungen müssen
mit psychologischer Hilfe beseitigt werden. Der Suchende
muß langsam anfangen, eine Vorstellung davon zu bekommen, wer und was er wirklich ist, und nicht nur was er denkt,
daß er ist. Ziel ist es, die Persönlichkeit soweit zu bringen,
daß sie ihrem Schöpfer, der Individualität, ähnlich wird. Dann,
und erst dann, kann eine wirkliche Kommunikation stattfinden.

Im Falle des *Durchschnittsmenschen* kann während seines
Lebens von der Persönlichkeit wenig Erfahrung gesammelt
werden. Die Individualität muß bis zum Tod warten; erst dann
kann sie die Erfahrung des gesamten Lebens in sich aufnehmen. Doch im Laufe unserer Evolution können immer mehr
Daten auch direkt übermittelt werden, bis schließlich das Stadium erreicht ist, in dem die Persönlichkeit und die Individualität wirklich eins werden.

Schließlich dürfen wir nie vergessen, daß sich die Individualität aus der Substanz der inneren Ebenen zusammensetzt,
während die Persönlichkeit aus dem Stoff der äußeren Ebenen
besteht und der Körper aus der festen Materie. Auch andere
Wesen besitzen Körper auf diesen Ebenen, und der Stoff der
jeweiligen Ebenen dient als Mittel zur Kommunikation, wie
zum Beispiel auch die Luft zur Übertragung von Schall. So
kann also die Individualität über den Stoff ihrer Ebenen mit
anderen Wesen kommunizieren, deren Körper aus demselben
Material gemacht sind. Bestimmte Arten der Telepathie funktionieren auf diese Art und Weise, bisweilen mit anderen Indi-
vidualitäten, die gerade in einer Persönlichkeit inkarniert
sind, gelegentlich jedoch auch mit solchen, die nicht inkarniert sind. Der Kontakt zu den Adepten der inneren Ebene
wird auf diese Weise hergestellt. Doch danach besteht immer
noch die Schwierigkeit, die über einen solchen Kontakt erhaltene Information an die Persönlichkeit weiterzugeben. Die
Übertragung kann unvollständig oder verzerrt sein, wie bei
einem Radio, das nicht auf die richtige Frequenz eingestellt

ist. Das ist nur ein weiterer Grund, an der Persönlichkeit zu arbeiten.

Die Persönlichkeit

In diesem Kapitel geht es um die Physiologie. Und die Physiologie befaßt sich mit der Funktion. Bei der Betrachtung der Funktionen der Persönlichkeit ist es besonders wichtig, den Fehler zu vermeiden, sie als ein getrennt existierendes Wesen zu betrachten. Manche psychologischen Systeme tappen in diese Falle, nicht so C. G. Jung. Es ist von entscheidender Bedeutung, die Persönlichkeit als das zu sehen, was sie ist – eine Projektion ihrer Individualität. Die Individualität bestimmt ihre *Grundstruktur* und ihre *grundlegenden* Einstellungen und Fähigkeiten.

Das Wort Persönlichkeit leitet sich von dem griechischen Wort *Persona* ab, was Maske bedeutet. Es ist das Gesicht, das Sie der Welt zeigen, Ihr Mittel, sich Menschen und Situationen zu stellen. Nur allzu häufig verdeckt das Gesicht der Persönlichkeit das wahre Wesen, anstatt ihm zum Ausdruck zu verhelfen. Jungs Lehre von der dominanten Funktion (auf die wir später noch näher eingehen wollen) läßt klar erkennen, daß bei den meisten von uns das *Rad der Funktionen* in einer bestimmten Position festgefahren ist. Mit dieser Maske, die eigentlich elastisch und anpassungsfähig sein sollte, ist durch übermäßige Spezialisierung genau das Gegenteil passiert. Wieviele Leute kennen Sie, bei denen sich die Maske des *Vaters*, des *Vertriebsleiters*, der *Lehrerin* und so weiter zu Zement verhärtet hat?

Körper und Gehirn sind die wahren Instrumente der Persönlichkeit. Die materielle Welt wird über die physischen Sinne wahrgenommen, und das Ergebnis wird vom Gehirn gedeutet und verarbeitet. Das zeigt uns, daß das Gehirn in Wirklichkeit das physische Instrument des Verstandes ist, das ihn mit den sensorischen und motorischen Funktionen verbindet. Obwohl die Persönlichkeit sicherlich die weiteste Ausdehnung des Geistes in die Materie darstellt, kann sie dennoch ihren Zweck nur mit Hilfe des Körpers erfüllen, der tatsächlich aus derselben Materie wie die physische Ebene selbst beschaffen ist. Deshalb wurde der physische Körper in der Tradition des westlichen Okkultismus auch nie als etwas weniger Wertvolles betrachtet, sondern stets seine gleichwertige Rolle unterstrichen. Der physische Körper muß genährt, erhalten, ausgebildet und geliebt werden – genauso wie alle unsere anderen Vehikel.

Weiter vorne haben wir bereits die *Kontakte* der Individualität nach innen zu ihrem Geist und nach außen zu ihrer Persönlichkeit kurz erwähnt. Darüber hinaus existieren auch horizontale Kontakte zu anderen intelligenten Wesen auf derselben Ebene. Dieselben Prinzipien sind auf die Persönlichkeit übertragbar. Ihr Kontakt nach innen findet mit ihrer Individualität statt und ihr Kontakt nach außen mit ihrem Körper und Gehirn. Doch wie sieht es mit den horizontalen Kontakten aus? Lassen Sie uns dazu die psychologischen Aspekte heranziehen, die wir vorher bereits erörtert haben. Horizontale Kommunikation kann auf verschiedene Art und Weise ablaufen. Zum einen über die dominante Funktion (auf die sich unser *normales* Bewußtsein konzentriert). Zum anderen kann der Austausch über das persönliche Unbewußte anhand der unbewußten und teilweise bewußten Funktionen laufen.

Vielleicht wird das Ganze an einem Beispiel leichter verständlich. Stellen wir uns einmal einen Mann oder eine Frau des *Denktypus* vor. Der Kontakt könnte also auf der Ebene des Denkens stattfinden (der dominanten Funktion in unserem Beispiel). Damit hätten wir es mit einer Kommunikation zwischen konkretem Verstand und konkretem Verstand zu tun – eine der vielen Formen von Telepathie. Doch der Austausch könnte auch über die Kanäle der unbewußten Funktion, in diesem Beispiel das Fühlen, laufen. Das Zentrum des Bewußtseins, der denkende Teil, wäre sich nicht bewußt, daß irgend etwas passiert ist, doch der Kontakt würde sich in Form einer Veränderung im fühlenden Teil des Selbst manifestieren, zum Beispiel in Form eines Stimmungsumschwungs oder einer Reaktion *aus dem Bauch heraus*. Im Falle der halbbewußten Funktionen – in diesem Beispiel Empfindung und Intuition –

könnte wahrscheinlich ein ähnlicher Vorgang stattfinden, allerdings wäre man sich zumindest bis zu einem gewissen Grad bewußt, daß etwas vor sich geht.

Allein die Tatsache, daß viele dieser Kontakte von unserem bewußten Teil unbemerkt bleiben, schmälert keineswegs deren Bedeutung und Einfluß auf unser Leben. Denn der größere Teil von uns liegt sowieso im unbewußten Bereich. Außersinnliche Erfahrungen, Telepathie und mediale Erscheinungen sind alles Beispiele für Kontakte mit der Persönlichkeit. Zu allen drei Phänomenen kann es entweder direkt, über die eben beschriebene Art von Vorgängen, oder durch den inneren Kontakt zu der Individualität kommen.

Außersinnliche Erfahrungen können darauf zurückzuführen sein, daß die Persönlichkeit Eindrücke über ihre vier Funktionen oder sogar von der nahezu physischen Ätherebene erhält. Auch die *Atmosphäre*, die Leute umgibt oder in Häusern und an äußerst energiereichen Orten herrscht, sowie das Sehen von Geistern und ähnliches gehören zu dieser Kategorie der Kontakte.

Die andere Art von Kontakten der Persönlichkeit ergibt sich auf der inneren Ebene über die Individualität. Die Individualität gewinnt den Eindruck, und die Persönlichkeit verleiht ihm eine Form, indem sie geeignete Bilder sucht, um ihn auszudrücken. Einem gebildeten Menschen steht möglicherweise ein größerer Schatz an Bildern zur Verfügung als einem ungebildeten, was eigentlich bedeuten müßte, daß sein psychischer Eindruck ein genaueres Abbild des Originals darstellt.

Alle okkulten Systeme legen großen Wert auf die Ausbildung der Schüler mit Hilfe von sorgfältig ausgewählten Symbolsystemen. Die Symbole werden nach dem Kriterium der möglichst genauen Darstellung der Kräfte, die sie verkörpern, ausgewählt. Über spezielle Meditationsübungen und Ritualarbeit mit diesen Symbolen wird dem Verstand ein neues Alphabet zur Verfügung gestellt, um die feineren Kräfte aus dem Inneren darstellen zu können.

Das Wort *Telepathie* ist in den letzten Jahren eher überstrapaziert worden. Wie wir gesehen haben, lassen sich unter diesem Begriff eine Reihe von ganz verschiedenen Kontaktmethoden zusammenfassen. Die Telepathieform, die in den berühmten Rhine-Experimenten untersucht wurde und heute immer noch erforscht wird, scheint sich vor allem auf der Ebene des konkreten Verstandes abzuspielen. Doch in manchen Fällen scheinen die Ergebnisse zu bestätigen, daß die angewandte Methode eine andere war. Bei manchen Ergebnissen wurde deutlich, daß Zukunftsvoraussagen erfolgt waren, während bei anderen die Zeit in die andere Richtung abgeglitten war. Diese Effekte lassen vermuten, daß vielleicht nur für einen kurzen Augenblick die Individualität am Werke war. Denn auf ihrer Ebene existiert keine Zeit.

Wenden wir uns nun einem anderen Beispiel von Kontakt zu. Nehmen wir einmal an, ein Adept der inneren Ebenen tritt mit Ihnen in Kontakt. Die Verbindung wird auf der Ebene der Individualität hergestellt, denn der Adept besitzt keine Vehikel auf den äußeren Ebenen. Ihnen wird also eine Botschaft auf der Ebene der Individualität übermittelt, die diese dann an die Persönlichkeit weitergeben muß, *wenn ein ausreichend klarer Kanal zwischen ihnen existiert.* Landet die Botschaft in Ihrem persönlichen Unbewußten, dann bestimmt Ihre unbewußte Funktion (vielleicht das Fühlen) die Form, die sie annimmt. Das könnte zum Beispiel ein Gefühl der Liebe und Begeisterung sein, das vielleicht sogar kombiniert ist mit Bildern, die vor Ihrem geistigen Auge erscheinen. Gelangt die Botschaft zum konkreten Verstand, kann sie in Form von konkreten Ideen oder gar Worten übermittelt werden, die Sie mit Ihrem *inneren Ohr* wahrnehmen.

Nun noch ein Wort zu der Kontaktform, die verschiedene spiritistische Gruppen praktizieren – der Kontakt über ein Medium. Wenn Sie sterben, überkommt Sie vielleicht zuerst ein starkes Gefühl der Ausdehnung und der Freiheit; aber ansonsten sind Sie mehr oder weniger derselbe wie vorher und »antworten auf den Namen, den Sie zu Lebzeiten trugen«. Alles, was Ihnen fehlt, ist ein physischer Körper und ein Ätherkörper.

Folglich gelten die Gesetze des telepathischen Kontaktes dann immer noch für Sie, und es gibt viele Berichte über die Kommunikation zwischen Lebenden und Verstorbenen.

Bei dem, was im allgemeinen im Trancezustand eines Mediums passiert, handelt es sich um eine etwas andere Kategorie von Kontakten als den bisher behandelten. Hier zieht das Medium die Aufmerksamkeit von den äußeren Ebenen ab und lenkt sie nach innen. Dabei verliert es das Bewußtsein auf der physischen Ebene und konzentriert es auf eine innere Ebene. Der Mitteilende (also Sie, falls Sie tot wären) stellt die Verbindung zu den unteren Ebenen des Mediums her, die vorübergehend frei gemacht wurden. Sie haben damit Ihre eigenen *höheren* Körper mit den *niedrigeren* Körpern des Mediums verbunden, und Ihnen stehen damit verschiedene Kanäle zur Kommunikation zur Verfügung. Wie gut diese Kanäle sind, hängt vom Medium ab.

Im modernen Okkultismus wird mehr und mehr dazu übergegangen, die Individualität zu telepathischen Kontakten zu benutzen. Der Trancezustand von Medien ist nicht wirklich dazu geeignet, um mit höher entwickelten Wesen als den Adepten der inneren Ebenen in Kontakt zu kommen, die sowieso keine Körper auf einer niedrigeren Ebene als dem abstrakten Verstand besitzen.

Ätherkörper und physischer Körper

Und schließlich wäre keine Beurteilung des menschlichen Wesens vollständig ohne die Untersuchung unserer physischen Natur, zu der feinstoffliche (ätherische) und dichte (physische) Teile gehören. Zuerst zum Ätherkörper – der in etwa einem Netz oder Gewebe gleicht, in dessen Hohlräume die Moleküle des dichten physischen Körpers hineinpassen. Der Ätherleib ist das Vehikel der animalischen Lebenskräfte, der Energien, die die physische Welt antreiben. Die *Chakras* oder astral-ätherischen Kraftzentren, stellen die Verbindungspunkte zwischen den inneren Ebenen und dem physischen Körper dar, die über das endokrine System wirken. In der okkulten Tradition des Ostens wird versucht, mit Hilfe von Hatha-Yoga-Übungen die Kontrolle über diese Ebene zu erlangen. Dem westlichen Okkultismusschüler wird jedoch ernsthaft vom Gebrauch dieser Methoden abgeraten. Der Westen besitzt seine eigenen Methoden, die an den groben und rauhen Lebensstil des Westens angepaßt sind. Die Anwendung östlicher Techniken von westlichen Menschen verringert in der Regel deren Fähigkeit, ihr Leben zu meistern und kann zu Krankheiten führen.

Der dichte physische Köprer ist der am weitesten vorgelagerte Außenposten im Reich des Geistes. Wird jemals das Königreich auf Erden entstehen, dann wird es sich in der *physischen* Welt über die *physischen* Körper manifestieren. Das sollten wir nie vergessen. Der Körper sollte deshalb gesund und gut koordiniert – oder in der alten Sprache der Alchemisten ausgedrückt – *eine wunderliche Bestie* sein. Deshalb müssen alle Kapazitäten des Körpers voll ausgebildet werden. Die westliche Okkultismustradition hat wenig übrig für solche, die nicht mit ihren Händen arbeiten können; wenn Sie es nicht können, dann müssen Sie es lernen, denn Okkultismus ist ein Handwerk. Der Erdungspunkt aller okkulten Handlungen ist die physische Ebene.

Neuntes Kapitel

Psychologie

In den vorangegangenen Kapiteln haben wir einen kurzen Einblick in die innere Struktur und Funktion des Menschen gegeben. Zwei wesentliche Faktoren können dabei nicht genug unterstrichen werden. Das ist zum einen, daß unsere Körper – feinstofflich oder physisch – unsere *einzigen* Handlungsinstrumente in dieser Welt darstellen, und zum anderen, daß wir *alle* unsere Eindrücke über die dafür vorgesehenen Sinne in unseren verschiedenen Körpern gewinnen. Deshalb ist es so wichtig für uns herauszufinden, wer wir sind, wie wir funktionieren und in welcher Beziehung wir zu unserer Umwelt stehen, auch wenn diese Erkenntnis noch so unvollständig sein mag.

Falls Sie inzwischen ungeduldig geworden sind und endlich mit der eigentlichen *okkulten* Arbeit beginnen wollen, sollten Sie nochmals überprüfen, ob Sie den Begriff auch richtig verstanden haben. Das Ziel der wahren okkulten oder magischen Arbeit ist die Manifestation unsichtbarer Wirklichkeiten. Sowohl die Mittel, mit denen dieses Ziel erreicht wird, als auch die Handlung selbst liegen beim Menschen. Deshalb müssen Sie sich selbst kennen. Es gibt schon viel zu viele Trancemedien, deren höchste Kontaktquellen ihre eigenen Komplexe sind, und einen Überschuß an Magiern von eigenen Gnaden, die nicht einmal einen Nagel in die Wand hauen können. Okkultisten müssen nicht nur sensitiver sein als ihre Mitmenschen, sie müssen auch mehr wissen und *fähiger* sein. Soll der Okkultismus seinem hochgesteckten Ziel, Wissenschaft und Handwerk zu sein, jemals gerecht werden, müssen die Menschen, die sich damit befassen, ihn erst einmal als solche behandeln und bereit sein, dementsprechend damit umzugehen. Besonders wichtig ist dabei, daß alle, die sich für esoterische Themen interessieren, die verschiedenen Unterbereiche eines Themas in der richtigen Perspektive und in seinem wahren Zusammenhang sehen. Alles Wissen und alle Spekulation waren einst ein Vorrecht eines Zweiges der Philosophie; wörtlich bedeutet Philosophie *Liebe zur Weisheit* (griechisch philein = lieben und sophia = Weisheit). Die pessimistische Definition eines Philosophen als »einem Blinden, der in einem dunklen Zimmer nach einer schwarzen Katze sucht, die nicht da ist«, zeugt von der fundamentalen Fehleinschätzung der Funktion der Philosophie, denn Philosophie besitzt sowohl einen *entlarvenden* (analytischen) als auch einen *konstruktiven* (synoptischen) Aspekt. Obwohl letzterer der Aspekt ist, der von den Esoterikschülern am häufigsten untersucht wird, besteht kaum ein Zweifel, daß die okkulte Welt nur davon profitieren könnte, wenn auch der analytische Aspekt stärker behandelt würde. Aufdecken kann nie schaden! Die wichtigsten Teilgebiete der Philosophie sind:

1. Naturphilosophie – Wissenschaft
2. Metaphysik – Ontologie, die Untersuchung des wahren Wesens des Seins, und Epistologie, die Theorie des Wissens und die Erforschung von Verständnisproblemen
3. Ethik – die Untersuchung der Probleme menschlichen Verhaltens
4. Logik – die Erforschung der Gesetze des Denkens
5. Psychologie – die Untersuchung der bewußten und unbewußten geistigen Prozesse, Verhaltensforschung

In diesem Buch wollen wir uns auf zwei dieser Teilgebiete konzentrieren, und zwar auf die Metaphysik – insbesondere den ontologischen Aspekt oder die Erforschung des wahren Wesens des Seins – und die Psychologie.

Die Strömungen der Psychologie

Das Wort *Psychologie* stammt aus dem Griechischen und setzt sich zusammen aus *Psyche* – Seele und *logos* – systematisches

Prinzip. Ursprünglich war die Psychologie ein Teilbereich der spekulativen Philosophie und damit eng mit der Metaphysik verbunden. Während jedoch die Metaphysik vor allem die Seele der Natur zu erforschen sucht, beschäftigt sich die Psychologie mit der Seele des Individuums und ihrer Beziehung zur Seele der Natur. Im Laufe der vergangenen achtzig Jahre hat sich die Psychologie jedoch mehr und mehr von der Philosophie abgespalten und als eigenständige Disziplin entwickelt.

Die Beschäftigung mit der Psychologie ist häufig Anlaß für Verwirrung und Frustration, da die vielen psychologischen Schulen kein einziges Problem auf dieselbe Weise sehen und häufig zu völlig gegensätzlichen Schlüssen kommen. Vielleicht wird das Ganze verständlicher, wenn man sich vorstellt, daß manche sich mit dem *Mechanismus* des Denkens beschäftigen, während andere sich mit der Organisation der Gedanken befassen; ein Winzer beurteilt einen Jahrgang sicherlich auch anders als ein Weinverkoster oder gar ein Chemiker. Alle drei sprechen aus ihrer Sicht die Wahrheit – allerdings nicht die ganze Wahrheit. Die beiden Hauptzweige der theoretischen Psychologie sind: die Tiefenpsychologie, die sich vor allem mit der *Disposition*, also den Anlagen beschäftigt, und der Behaviorismus, bei dem es um die *Reaktion*, also das äußere Verhalten geht.

Die Tiefenpsychologie ist subjektiv geprägt und beschäftigt sich vor allem mit den Trieben, den Instinkten, dem Verhalten, der Persönlichkeit und dem Wesen der Seele. Die *Psychoanalyse* von Freud, die *Individualpsychologie* von Adler und die *analytische oder komplexe Psychologie* von Jung gehören zu diesem Teilgebiet. Der zweite Zweig ist objektiv geprägt und befaßt sich hauptsächlich mit der Physiologie und Anatomie des Nervensystems, wobei stärker auf den *Mechanismus* des Bewußtseins und der Reaktion abgehoben wird als auf deren Ursache.

Doch wie in anderen Sphären auch, sind in der Psychologie zyklische Gesetzmäßigkeiten wirksam. Zuerst gehörte die Psychologie dem Bereich der Philosophie an. Dann trennte sie sich sozusagen von ihren Eltern, um ihre wahre Identität zu finden und genoß eine relativ selbstbewußte Jugend.

Mit dem Aufkommen der tiefenpsychologischen Schulen,

besonders der von C. G. Jung, gab es Anzeichen dafür, daß die größere Reife auch eine Anerkennung der Weisheit ihrer *Mutter*, der Philosophie, ermöglichte. Doch das Rad drehte sich bereits weiter, und eine neue Phase der Unabhängigkeit wurde eingeleitet. Zweifellos wird zur rechten Zeit alles vereint werden. Im Moment herrscht im Bereich der Psychologie allerdings etwas Verwirrung, um es gelinde auszudrücken.

Psychotherapie – Die Anfänge

Wenn etwas schiefläuft und der Versuch unternommen wird, es wieder in die rechten Bahnen zu lenken, lernt man im allgemeinen etwas daraus. Der Stimulus, der aus der Notwendigkeit heraus entsteht, eine Fehlentwicklung zu korrigieren, hat zur Folge, daß wir uns tiefer und eingehender damit beschäftigen, als dies bei einer rein akademischen Untersuchung der Fall wäre. Nirgends hat diese Aussage größere Gültigkeit als im Bereich der Medizin, wo dieser Stimulus das menschliche Leben selbst ist. Es ist deshalb nicht verwunderlich, daß die tiefgründigsten psychologischen Systeme ursprünglich aus Beobachtungen pathologischer Geisteszustände hervorgingen, die häufig eine Übersteigerung der normalen Verhaltensformen des Menschen darstellen.

Es wurden viele Versuche unternommen, manche davon schon vor geraumer Zeit, ein umfassendes psychotherapeutisches System zu entwickeln. Doch der zunehmende Druck, dem sich die Menschen in der heutigen Gesellschaft ausgesetzt sehen, hat im letzten halben Jahrhundert psychologische Probleme stärker in den Vordergrund gerückt. In der westlichen Hemisphäre hat die unaufhaltsame technische Entwicklung zum einen die animalistische Natur verkümmern lassen und zum anderen den spirituellen Werten den Ausdruck verweigert. Wir neigen dazu, nur noch vom Kopf her zu funktionieren. Dem immer größer werdenden Einfluß der Wissenschaft steht auf der anderen Seite eine ständige Zunahme von Neurosen gegenüber: das Unbewußte läßt sich nicht so einfach an der Nase herumführen!

Charcot (1825–1895) war der erste, der in moderner Ausdrucksweise die Ansicht vertrat, daß Krankheit durch geistige Haltungen und Überzeugungen bedingt sein könnte. Die meisten Frauen und Männer würden diese Ansicht heute als selbstverständlich voraussetzen, doch für unsere viktorianischen Vorfahren war sie revolutionär, empörend und skandalös. H. Bernheim (1837–1919), Professor der Medizin in Nancy (Frankreich), fing an, sich zur Behandlung bestimmter Krankheitstypen der hypnotischen Suggestion zu bedienen. Pierre Janet (1859–1947) untersuchte neurotisches Verhalten ebenfalls mit Hilfe der Hypnose. Er entdeckte, daß Patienten sich während der Hypnose an Einzelheiten aus früheren Leben erinnern konnten (die meist unangenehm waren und deshalb verdrängt wurden), an die sie sich unter normalen Bedingungen nicht erinnerten. Janet entwickelte eine Methode, den hypnotisierten Patienten zu suggerieren, sich auch im normalen Wachzustand an das verdrängte Material zu erinnern. Auf diese Weise würde seiner Meinung nach das gestörte neurotische Verhalten, das er für das Produkt der *verlorenen* Erinnerung hielt, geheilt. Diese *Katharsis*, wie Janet diesen Vorgang nannte, war anscheinend eine erfolgreiche Behandlungsmethode.

Die Dissoziation des Bewußtseins schien der Grund für viele Neurosen zu sein. Josef Breuer (1842-1925), ein bedeutender Wissenschaftler, der die Funktion der Bogengänge des Innenohrs entdeckte, interessierte sich stark für neurotisches Verhalten. Wie auch Janet hypnotisierte er seine Patienten und ermutigte sie zum Erzählen, wobei sie sich häufig an verdrängtes Material erinnerten und mit starken Gefühlsausbrüchen reagierten. Auch diese Katharsis (Breuer verwendete unabhängig von Janet dieselbe Bezeichnung) schien Erleichterung zu verschaffen.

Freud

Freuds Hauptthese beruht auf zwei Theorien: der dualistischen Hypothese von der kindlichen Sexualität und dem Ödipuskomplex. In seiner frühen Phase gab sich Freud mit einer unkomplizierten Erklärung der Neurose zufrieden, die besagte, daß sie einfach das Ergebnis von verdrängten schmerzlichen Erinnerungen an tatsächliche Begebenheiten im früheren Leben des Patienten sei. Später änderte er seine Meinung dann, nachdem ihm viele Fälle untergekommen waren, in denen kein wirkliches Schockerlebnis stattgefunden haben konnte. Aufgrund seiner Erfahrung kam er zu dem Schluß, daß die Psyche des Menschen von zwei Haupttrieben bestimmt sein müsse: dem Selbsterhaltungstrieb und dem Fortpflanzungstrieb. Niemand zweifelte an dem ersten, doch der zweite löste einen Sturm der Entrüstung aus. Sowohl unter Laien als auch in wissenschaftlichen Kreisen führte dies zu allen möglichen Mißverständnissen, denn beide sahen offensichtlich in dem Fortpflanzungstrieb nichts anderes als den Trieb nach Geschlechtsverkehr, während Freud darunter ein breites Spektrum von *Lustempfindungen* des physischen Körpers verstand. Der Fortpflanzungstrieb ist also etwas viel Umfassenderes als reine sexuelle Motivation: außerdem geht er der Entwicklung des erwachsenen Sexualverhaltens weit voraus, denn er beginnt bereits mit der Geburt! Freud nannte diese sexuelle Energie *Libido* und betrachtete kindliches Saugen, Essen und Urinieren als frühe Ausdrucksformen dieses Triebes. Beim Erwachsenen beschränkt sich dieser Trieb nicht allein auf den Geschlechtsverkehr, sondern wird ganz allgemein sublimiert in Form von zärtlichen Gefühlen, Freundschaften, der Überwindung von Hindernissen bei der Arbeit und so weiter.

Die Untersuchungen zur kindlichen Sexualität, der vielleicht bekannteste Forschungsbereich Freuds, wurden eigentlich von seinem Mitarbeiter und Schüler Karl Abraham durchgeführt. Obwohl Freud ursprünglich die Richtung wies und den ersten Anstoß zu dieser Studie gab, wurde die meiste Detailarbeit von seinem Schüler vollzogen. Eine kurze Zusammenfassung dieser Theorie mag hier angebracht sein. Die Freudsche Schule geht davon aus, daß die Lebensenergie (Libido) verschiedene Phasen durchläuft. Diese sind allgemein bekannt als orale, anale und phallische Phase. Der Säugling empfindet Genuß beim Saugen und beginnt langsam andere

Personen wahrzunehmen. Die Beziehung zu seiner Mutter befindet sich in ihrem Anfangsstadium. Das ist die *orale* Phase.

Ungefähr ab dem zweiten Lebensjahr verschiebt sich das Interesse, und der Anus wird zum Zentrum der Befriedigung. Die Gewöhnung an das Töpfchen konfrontiert das Kind mit der ersten Notwendigkeit zur Anpassung – es muß einen Mittelweg finden zwischen instinktivem Genuß und verstandesmäßiger Kontrolle. Der unmittelbare Genuß wird geopfert für die subtilere Belohnung, anderen zu gefallen. In gewissem Maße prägt diese Phase das Verhaltensmuster für alle ähnlichen Anpassungen, bei denen ein Gleichgewicht zwischen den gesellschaftlichen Anforderungen und den körperlichen Instinkten gefunden werden muß. Schwierigkeiten bei der Anpassung in einem Falle führen sehr wahrscheinlich auch zu Anpassungsschwierigkeiten in anderen Situationen.

Die phallische Phase beginnt irgendwann um das vierte Lebensjahr herum. Jetzt konzentriert sich die Befriedigung hauptsächlich auf die Geschlechtsorgane. An diesem Punkt kann es dazu kommen, daß ein Junge anfängt, seiner Mutter gegenüber Gefühle zu entwickeln und seinem Vater gegenüber eine zwiespältige Haltung einzunehmen. Dies ist also die Phase des Ödipuskomplexes, dem auf der weiblichen Seite der Elektrakomplex entspricht. Eine erfolgreiche Verarbeitung und Auflösung dieses gesamten Gedankenkomplexes ist nötig, bevor sich eine wirklich erwachsene emotionale Beziehung und ein normales Sexualleben entwickeln können.

Aus dem bisher Gesagten läßt sich bereits die praktische Bedeutung dieser Theorien erkennen. In den ersten zehn Jahren seiner Arbeit ging Freud von einer einfachen Verdrängung *realer* Erinnerungen als Ursache von Neurosen aus; dann entwickelte er die anspruchsvollere Theorie, die besagt, daß jede Neurose das direkte Ergebnis einer Unterdrückung der Libido ist und daß jede Unterdrückung eine *Regression* oder einen Rückschritt auf eine frühere, infantilere Form des Umgangs mit der sexuellen Energie zur Folge hat. So wird zum Beispiel davon ausgegangen, daß Hysterie eine Regression in die phallische Phase und Obsession (welcher Art auch immer) eine Regression auf die anale Ebene darstellt.

Im Jahre 1900 schrieb Freud seine erste wirkliche Psychologie der Träume. Jung würdigte dieses Ereignis mit der Bemerkung, daß bis zu diesem Zeitpunkt eine geradezu stygische Finsternis in diesem Bereich geherrscht habe. Obwohl Freud selbst im nachhinein noch einiges an seinen Theorien der Traumdeutung änderte, stellt die Veröffentlichung dieses Werkes ohne Zweifel einen Meilenstein dar. Inzwischen hatte sich die berühmte Psychoanalytische Gesellschaft gebildet. Das Wechselspiel der Argumente, die Meinungsverschiedenheiten und Diskussionen unter den Mitgliedern, sowie seine Erfahrung mit Kriegsneurosen ließen Freud erkennen, daß seine Grundtheorien allein nicht ausreichten, alle Fakten zu erklären. So fing er schließlich eine Studie an, in der er die Struktur der Persönlichkeit holistisch betrachtete und konzentrierte seine Aufmerksamkeit nicht länger nur auf zwei der Haupttriebe. Eines der brillantesten und aktivsten Mitglieder der Gesellschaft war Alfred Adler, und es ist hauptsächlich ihm zu verdanken, daß Freud sich davon überzeugen ließ, daß das Ego (der bewußte Teil der Psyche) eine entscheidende Rolle bei der Entstehung von Neurosen spielt. Zum ersten Mal räumte Freud ein, daß auch Einflüsse, die nicht rein *sexueller* Natur sind, starke Auswirkungen auf das Bewußtsein haben könnten. Als Ergebnis seiner Studie definierte er das Individuum als eine Einheit aus drei eng miteinander verbundenen aber verschiedenen Systemen, dem Ich, dem Über-Ich und dem Es. Gleichzeitig ging er von zwei neuen psychischen Kräften aus, dem Lebens- und dem Todestrieb, und wandte sich der Untersuchung von Angst als verhaltensbeeinflussendem und ausschlaggebendem Faktor bei der Entstehung von Neurosen zu.

Eine auch nur halbwegs vernünftige Erörterung des Ich oder der Ansichten Freuds zu Thanatos (dem Todestrieb) oder des wichtigen Themas Angst würde den Rahmen dieser Einführung sprengen. Doch Sie können all diese Themen in der einschlägigen Literatur nachlesen. In letzter Zeit ist es Mode geworden, Freud und seine Theorien etwas herabzuwürdigen. Vielleicht konnten diese wenigen Zeilen ja genügend Information liefern, um zu beweisen, wie ungerecht diese Verunglimpfung ist, und einige der großen Wahrheiten der Welt der Psyche aufzeigen, die von einem aufgedeckt wurden, der der Gründer der tiefenpsychologischen Bewegung und in jeder Hinsicht ein großer Mann war.

Adler

Alfred Adler, geboren 1870 in Wien, war der erste der ursprünglichen Gruppe der Tiefenpsychologen, der sich von der Idee löste, daß unbewußte Kräfte die hauptsächlichen Motivationsfaktoren des menschlichen Verhaltens seien. Im Freudschen System ist der Instinkt eine Quelle psychischer Energie; doch in der sich entwickelnden Psychologie Adlers wurde die *Umwelt* mit ihren *sozialen Zwängen* als der Haupteinfluß im Leben des Menschen angesehen. In dem Freudschen System war diesen Aspekten und ihrer reaktiven Entsprechung in der menschlichen Psyche – dem Willen zur Macht – laut Jung nur eine winzig kleine Ecke in dessen Psychologie vorbehalten. Für Adler war dieser *Ich-Instinkt* das zentrale Element.

Nach den Adlerschen Thesen gründet sich die Libido auf den *Willen zur Macht* im Sinne der Philosophie Nietzsches. Jedes Individuum hat irgendein Minderwertigkeitsgefühl, das es durch die unbewußte Entwicklung eines komplementären *Lebensstils* kompensiert. Adler war der Überzeugung, daß es drei grundlegende Reaktionen auf Minderwertigkeitsgefühle gibt: normale Kompensation, Flucht in die Unverbindlichkeit und neurotische Überkompensation. Die Adlersche Schule betrachtet Krankheit primär als *Protest gegen Minderwertigkeitsgefühle*, auch wenn gleichzeitig offensichtlich eine körperliche Ursache vorhanden ist. Gesunde Menschen haben *realistische und soziale Ziele*, Neurotiker haben *unrealistische und egozentrische Ziele*.

In seinen Untersuchungen über die Pathologie der Psyche legte Adler großen Wert auf die Bedeutung der Eltern-Kind-Beziehung, den Geburtsrang (als wievieltes Kind jemand geboren wird) und den Status des Einzelkindes et cetera. Er neigte dazu, die Idee des Unbewußten und die Theorie der Regression herunterzuspielen. Obwohl er von orthodoxen Freudianern oft als oberflächlich abgetan wurde, ist es Adler, der die entscheidende Rolle des sozialen Kontaktes bei normalen und pathologischen Persönlichkeiten deutlich gemacht hat.

Jung

Carl Gustav Jung wurde 1875 in Kesswil in der Schweiz geboren. Er starb 1961 im Alter von fünfundachtzig Jahren und hinterließ ein bedeutendes psychologisches System. Morrish hat über Jung gesagt, er sei der höchsten Weisheit der alten Meister nähergekommen als jeder andere westliche Psychologe. Er war ein Mann mit einem ausgesprochen breiten Spektrum an Interessen. Von seinen orthodoxeren Psychologenkollegen wurde er oft als ein gelehrter Exzentriker angesehen, der sich aus Liebhaberei mit Metaphysik beschäftigt. Doch Kollegen aus entfernteren Bereichen wie der Physik und der Zoologie fanden seine Tiefgründigkeit und seinen Scharfsinn »bedeutsamer als das, was die akademischen Psychologen zu bieten hatten.« Seinen Kritikern wäre die Ablehnung seiner Theorien leichter gefallen, wäre er nicht ein so brillanter (und offensichtlich erfolgreicher!) Psychiater gewesen. Sie behaupteten sogar, daß ein Mann vom Format Jungs immer Erfolg gehabt hätte, egal welches System er vertreten hätte. Das kann zwar bezweifelt werden, aber auch wenn es wahr wäre, zeigt es die unbestrittene Kompetenz dieses Mannes – sogar in den Augen des Kritikers.

Nachdem er eine Reihe von erfolgreichen experimentellen Untersuchungen zum Thema Assoziationen durchgeführt hatte, entwarf er verschiedene Tests, die darauf ausgerichet waren, klare Hinweise auf unbewußte Aktivitäten zu liefern. Die daraus gewonnenen Erkenntnisse führten zur Entwicklung der Theorie der *Komplexe*, unterbewußte Gruppen von Vorstellungen mit einer gemeinsamen emotionalen Note. Seine Ansichten lagen zu jener Zeit mehr oder weniger auf einer Linie mit den Grundthesen Freuds. Er traf Freud und arbeitete mit ihm danach etwa sechs Jahre lang zusammen. Diese Verbindung endete schließlich, als Jungs Forschungen ihn immer weiter von Freud wegführten. Einer der Hauptstreitpunkte war, daß Jung die unbewußten Prozesse nicht immer als infantil oder animalisch ansah. Außerdem waren sie für ihn nicht unbedingt pathologisch. Jung betrachtete einige unserer inneren Strebungen als eine große Quelle des Wachstums und der Integration und damit als wesentliche Voraussetzung für die Entwicklung und Entfaltung einer ausgeglichenen Persönlichkeit. Schließlich trennte sich Jung von der Gruppe der Freudianer und gründete nach eingehender Forschung und einer längeren Selbstanalyse seine Schule der Analytischen Psychologie.

Das erste, was von jedem Psychologiestudenten gewürdigt werden sollte, ist die Tatsache, daß die These Jungs sich nicht einfach auf ein paar Seiten zusammenfassen läßt. Adlers Hypothese vom *Willen zur Macht* kann ohne weiteres verstanden und relativ leicht komprimiert werden, aber die Psychologie Jungs ist so allumfassend und bezieht eine solche Vielfalt von Themen mit ein – unter anderem Religion, Mythologie und Philosophie –, daß eine genaue Zusammenfassung unmöglich ist. Das einzige, was wir tun können, ist, einen groben Rahmen zu entwerfen, der dann als Ausgangsbasis für vertiefende Studien dienen kann.

Das System Jungs ist mehr als eine Psychotherapie. Es zielt auf ein umfassendes Verständnis der Natur des Menschen ab. Deshalb ersetzt er auch die Begriffe *Geist* und *geistig* durch *Psyche* und *psychisch*, denn der Geist bezieht nur das Bewußtsein mit ein, während Psyche die Gesamtheit der bewußten und unbewußten Ebenen einschließt.

Aus der Sicht der Okkultisten ist die vielleicht wertvollste Ansicht Jungs sein Beharren auf der *Wirklichkeit der Psyche*. Er stellt sie damit auf dieselbe Stufe der Wirklichkeit wie die physische, bewußte Welt. Sie besitzt eine eigene Struktur und eigene Gesetze. Die okkulte Tradition hat von jeher gelehrt, daß die Gesetze auf einer Ebene das Höchste auf dieser Ebene sind. Deshalb ist es einfach, mit Jung darin übereinzustimmen, daß die Psyche im Hinblick auf ihre eigene Struktur und ihre eigenen Gesetze untersucht werden muß. Die weite Welt des Unbewußten macht sechs Siebtel eines Menschen aus; der bewußte oder siebente Teil ist nur ein Instrument, um unsere

Aufmerksamkeit auf dieses seltsame Raum-Zeit-System zu richten, das wir die materielle Welt nennen.

In Wirklichkeit ist alles, was wir erleben, psychisch. In seiner Abhandlung *Das Grundproblem der gegenwärtigen Psychologie* schreibt Jung: »Alles, was ich erfahre, ist psychisch. Selbst der physische Schmerz ist ein psychisches Abbild, das ich erfahre; alle meine Sinnesempfindungen ... sind psychische Bilder, die einzig meine Erfahrung darstellen, denn sie allein sind es, die mein Bewußtsein zum unmittelbaren Objekt hat ... Alles, was wir je wissen können, besteht aus psychischem Stoff. Psyche ist das allerrealste Wesen, weil es das einzig Unmittelbare ist. Auf diese Realität kann sich der Psychologe berufen, nämlich auf die *Realität des Psychischen*.«[4] Allein dieser Auszug zeigt uns, daß Jung der inneren Welt einen Wert und eine Wirklichkeit einräumt, die der der äußeren Welt der Effekte entsprechen.

Jung sah die psychische Energie – die Libido in den Worten Freuds – in ständiger Bewegung, gleich den Gezeiten. Man kann sich die Libido als eine Energie vorstellen, deren Bewegung von einem Polaritätsunterschied zwischen zwei Polen abhängt. Die naheliegende Analogie wäre ein elektrischer Strom, der zwischen dem negativen und positiven Pol einer Batterie fließt. Die Tatsache, daß der Strom überhaupt zustandekommt, ist durch den *Unterschied* des einen Poles gegenüber dem anderen bedingt. Je größer das Potentialgefälle zwischen den Polen ist, desto größer ist die Energie. Ohne den Gegensatz der Polarität gibt es keine Bewegung. Man muß sich diese psychische Energie ihrem Wesen nach wie Ebbe und Flut vorstellen, die Vorwärtsbewegung befriedigt die Wünsche des bewußten Geistes nach Arbeiten und kreativem Schaffen, während die Rückwärtsbewegung (die gleichermaßen wichtig ist) den Wunsch des unbewußten Geistes nach Grübeln, Formulieren, Reifenlassen und Motivieren befriedigt. Der Schwung nach vorne ist auf größere Anpassung an die Umwelt aus, während die Rückwärtsbewegung auf eine Adaptation an die inneren Bedürfnisse und Wirklichkeiten abzielt.

---

4   *Das Grundproblem der gegenwärtigen Psychologie* (1931) in C. G. Jung: *Gesammelte Werke*. Achter Band, S. 402. Olten: Walter-Verlag 1987.

In dieser Beschreibung werden die beiden Pole des Stromkreises als die bewußten und unbewußten Aspekte der Psyche angesehen, doch die Theorie der Gegensatzpaare (oder besser der komplementären Prinzipien) trifft sowohl auf die Natur als auch auf den Menschen zu und wurde in den alten Tempeln der Mysterientradition als zwei Säulen dargestellt, zwischen die man den Einzuweihenden stellte.

Symbole

Ein anderer wesentlicher Punkt, den man beim Studium der Psychologie Jungs verstehen muß, ist seine Deutung des Wortes *Symbol*. Für Jung bedeutet das Wort *Zeichen* Ersatz für den oder Darstellung des wirklichen Gegenstandes, während *Symbol* in einem viel umfassenderen Sinne gebraucht wird, und zwar als etwas, das einen *psychischen Tatbestand darstellt*, der sich nicht anders und besser ausdrücken läßt. Nehmen wir ein einfaches Beispiel, ein Verkehrszeichen ist ein Ersatz für eine geschriebene Botschaft. Aber ein Symbol, wie etwa das christliche Kreuz, drückt die Gesamtheit der psychischen Wirklichkeit des Opfers aus. Daraus läßt sich die universelle Natur des Symbols im Gegensatz zum *lokalen* und persönlichen Charakter des Zeichens erkennen. Ein großer Teil der Arbeit von esoterischen Gruppen dreht sich um die Deutung und Verwendung von Symbolen.

Das Ich und das Unbewußte

Was wir das Bewußtsein nennen, kann mit der Spitze eines Eisberges verglichen werden, der aus dem Meer des Unbewußten herausragt. Doch der weitaus größere Teil des Berges befindet sich unerkannt und unsichtbar unter Wasser. Die Spitze des Eisberges ist das *Ego*, das *Ich*, das Wissen besitzt und seinen Willen äußert, der Fokus unseres alltäglichen Bewußtseins. Doch viele der Erfahrungen des bewußten Lebens gefallen uns nicht oder sind gesellschaftlich nicht erlaubt. Diese Erinnerungen an Angst, Entzug, Minderwertigkeit, Zurückweisung, Lust und so weiter werden aus dem Bewußtsein verbannt durch eine absichtliche Verlagerung der Aufmerksamkeit, eine Weigerung, sich damit zu konfrontieren, ein intentionales Vergessen. Dieser Prozeß wird *Verdrängung* oder auch Repression genannt. Man beachte dabei den feinen Unterschied zwischen Verdrängung und Unterdrückung. Unterdrückung wird zwar häufig auch synonym mit Verdrängung verwendet, bezeichnet aber den ganz normalen und gesunden Prozeß der Verlagerung der Aufmerksamkeit von einem Thema auf andere Themen. Handelt es sich jedoch um eine tatsächliche Verdrängung, so kann man sich das verräterische Material nicht einfach wieder nach Belieben ins Gedächtnis rufen, während bei einer Unterdrückung eine Erinnerung möglich ist. Subliminale Eindrücke, die nicht stark genug sind, um das Bewußtsein zu erreichen, werden ebenfalls ins Reich des Unbewußten verwiesen. Das Schattenreich der Psyche, in das alles verdrängte und subliminale Material eingeht, wird von Jung das *persönliche Unbewußte* genannt. Es ist der Teil unseres Eisberges, der direkt unter der Wasseroberfläche liegt.

Das persönliche Unbewußte gehört einem Individuum. Es ist der Teil des Unbewußten, der personifiziert und mit verdrängten Erinnerungen und subliminalen Eindrücken bevölkert wurde. Es besteht ein reger Verkehr zwischen dem Bewußtsein und dem persönlichen Unbewußten. Vom Bewußtsein aus fließt verdrängtes Material in das Schattenreich ein, aber von dort gibt es auch einen entgegengesetzten Fluß in Richtung Bewußtsein, der sich in Träumen, Trieben, irrationalen Gefühlen und Handlungen et cetera manifestiert. Damit kann das persönliche Unbewußte im Vergleich zu der Hauptmasse des unter dem Wasser liegenden Eisberges bis zu einem gewissen Grad als gezähmt betrachtet werden! Natürlich sollte im Prinzip überhaupt nichts verdrängt werden, wenn das Ziel der Evolution der ganze Mensch ist, sondern die Schwierigkeiten sollten angegangen und als Möglichkeiten für größeres Wachstum akzeptiert werden. Doch wir leben in keiner perfekten Welt, und es ist deshalb das Ziel vieler Psychotherapiemethoden, verdrängtes Material an die Oberfläche zu bringen und es in das Bewußtsein zu integrieren. Manchmal erinnert man sich zufällig durch einen Schock oder eine unerwartete Gedankenassoziation an verdrängte Dinge. Auch Träume und Phantasien haben einen persönlich geprägten, unbewußten Inhalt.

Bei den frühen Untersuchungen Jungs auf dieser Ebene der Psyche wurde eine Strukturbesonderheit enthüllt, deren Entdeckung später in seinem System eine große Rolle spielen sollte. Aus seinen Forschungsergebnissen wurde deutlich, daß Vorstellungen eine Neigung dazu haben, sich um bestimmte Hauptzentren herum zu assoziieren. Jung nannte diese gleichartigen und emotional gleich gefärbten Vorstellungsgruppen Komplexe. Manche Komplexe sind ziemlich oberflächlich und können teilweise bewußt sein. Andere sind etwas tiefgehender und gehören dem persönlichen Unbewußten an. Und wieder andere existieren auf einer noch viel tieferen Ebene in unserer Psyche. Diesen schenkte Jung seine ganz besondere Aufmerksamkeit.

Die tieferen Ebenen des Unbewußten, aus denen unser Bewußtsein erwächst, werden das *kollektive Unbewußte* genannt. Das ist die Ebene der ursprünglichsten Triebe und Instinkte. Hier sitzen die wahren Wurzeln der Psyche sowie die Weisheit und Erfahrung des Kollektivbewußtseins. Die tiefsten Ebene sind allen Menschen gemein.

Wir sind bereits kurz darauf eingegangen, daß die Individualität als eine Differenzierung der *Substanz* des kollektiven Unbewußten anzusehen ist, genauso wie der physische Körper als eine Differenzierung der Materie der physischen Welt definiert werden könnte. Am tiefsten Punkt überhaupt ist der Geist, der zwar hergeleitet, aber nicht definiert werden kann. Es ist, als ob der Geist bei seiner Entwicklung nach innen um sich herum Körper aus den verschiedenen Schichten des kollektiven Unbewußten aufgebaut habe. Für den Vergleich dieser Analogie mit den kosmologischen Beschreibungen in Kapitel 6 kann es möglicherweise aufschlußreich sein, dieselbe Theorie mit ihren Entsprechungen in zwei verschiedenen Symbolsystemen gegenüberzustellen. Jung selbst erwähnte nie ausdrücklich das Wort *Geist* in seinen Werken, jedenfalls nicht in der Bedeutung, die die Esoterikschüler normalerweise diesem Begriff zuschreiben. Doch seine ganze Psychologie impliziert es, und es gibt gute Gründe für die Annahme, daß unsere universelle Natur und der Reinkarnationskreislauf auch zu seiner Weltanschauung gehörten, auch wenn er dies aus naheliegenden Gründen nie schwarz auf weiß geschrieben hat. (Siehe Abbildung 9 auf Seite 135.)

Archetypen

Die tieferen Schichten des kollektiven Unbewußten sind der ganzen Menschheit gemein. Dies berechtigt zur Annahme, daß wir Menschen – egal welcher Rasse, Hautfarbe oder Sprache – während unserer Involution und Evolution ein gewisses Maß an gemeinsamen Erfahrungen sammeln, denn wir sind alle spirituelle Wesen desselben Typs, nämlich göttliche Funken. Diese gemeinsamen Erfahrungen haben bei unserer Entwicklung als menschliche Wesen sicher ein entscheidende Rolle gespielt. Solche Erscheinungen können beispielsweise symbolisiert werden in der Figur des Vaters, der Mutter, der Jungfrau, des alten Weisen, des Kindes, des Leichnams und so weiter, oder in Bildern wie der Sonne als die Quelle des Lebens oder dem Mond und dem Meer als die verborgene innere Welt et cetera.

Im Laufe der Evolution entstanden diese Erfahrungszentren, indem jedes von ihnen immer mehr akkumuliertes menschliches Wissen einer bestimmten Art um sich herum anhäufte. Diese unermeßlichen und urtümlichen Komplexe menschlicher Erfahrung nannte Jung *Archetypen*. Es kann davon ausgegangen werden, daß sich diese Urbilder im Laufe der Jahrtausende gebildet haben, in denen sich das physische Gehirn aus seinem tierischen Zustand herausentwickelt hat. Archetypische Symbole tauchen in Träumen und Visionen auf – manchmal sogar auch beim Telefonieren in den halbbewußten *Sudeleien* auf dem Schreibblock! Zwar kann sich ihre Form in verschiedenen Epochen und Kulturen ändern, doch die Archetypen selbst behalten ihren ursprünglichen Charakter immer bei. Manche können in abstrakten oder geometrischen Formen auftreten, andere manifestieren sich in Göttern oder Göttinen, Tieren oder Pflanzen. Archetypen wei-

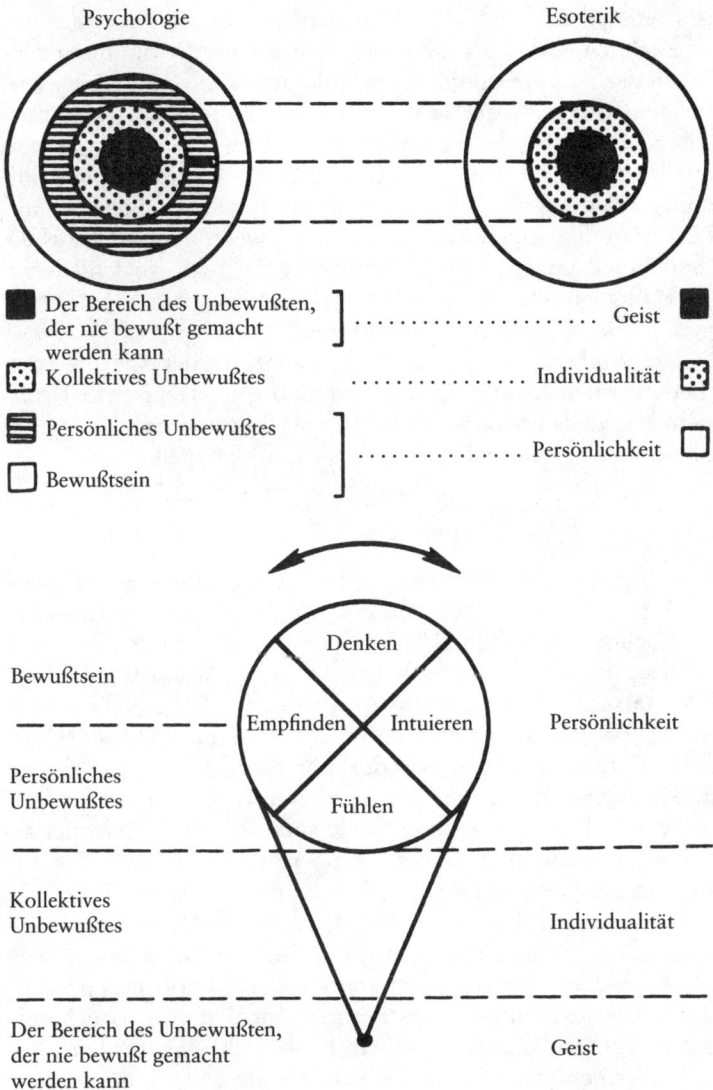

Abbildung 9: Entsprechungen in Psychologie und Okkultismus

sen eine starke Ähnlichkeit zu mythologischen Motiven auf. Tatsächlich war es auch die auffallende Übereinstimmung zwischen der Folkore und den Mythologien weit voneinander entfernter Kulturen, die Jung dazu veranlaßte, sich mit diesen Themen zu befassen. Wenn man aufrichtig sein will, muß man auch sagen, wenn Jung das Konzept der Archetypen des kollektiven Unbewußten nicht aufgestellt hätte, wäre jemand anders gezwungen gewesen, dies zu tun, wenn auch nur, um die manchmal unglaublichen Ähnlichkeiten von verschiedenen Mythologien oder gar von Träumen oder visionären Erfahrungen auf der ganzen Welt zu erklären.

Die Archetypen stellen die Quintessenz der spezifizierten menschlichen Erfahrung dar und sind die psychischen Kraftwerke und Transformatoren. Die wichtigsten Symbole einer okkulten Loge sind alles ausgesuchte Archetypen.

Mythen und Träume

Jung brachte lange Zeit mit der Mythenforschung zu. Obwohl die Struktur der Mythen von den Menschen geprägt ist, stammen seiner Meinung nach ihr Geist und der größte Teil ihrer Bilder aus dem kollektiven Unbewußten. Wenn die Mythen aber tatsächlich der direkte Ausdruck des kollektiven Unbewußten *sind*, dann ist es auch nicht verwunderlich, wenn ähnliche Formen bei Völkern der unterschiedlichsten Zeitalter und Rassen auftauchen. Bei den primitiven Völkern sind sie mit weniger bewußten *Schnörkeln* versehen; deshalb ist der archetypische Inhalt dominant und leichter erkennbar. Zur Erzielung des gewünschten Effektes hängen Religion, Märchen, Dichtung und manche Formen des Schauspiels von dem Einsatz archetypischer Bilder ab, weil dadurch die größere Welt des kollektiven Unbewußten angesprochen wird. Das ist auch der Grund, weshalb bei bestimmten Themen von vornherein schon feststeht, daß sie zu einem Kassenschlager werden.

Freud benutzte die Traumdeutung als Mittel, um zu verdrängten Bereichen vorzudringen, doch seine Ansichten ließen ihn bei Kindheitserfahrungen innehalten. Obwohl auch Jung sich der Träume auf diese Weise bediente, war sein Denken umfassender und schloß die größere Sphäre des kollektiven Unbewußten und der dazugehörigen Archetypen mit ein. Sein System beschränkte sich nicht auf die Heilung psychischer Pathologien, sondern war auf die Heilung des ganzen Menschen ausgerichtet, auf den Ausdruck unserer gesamten Person und die Verwirklichung unseres gesamten Potentials.

Jung sah den Traum als ein spontanes Auftauchen des Unbewußten an, als *Ausbruch* aus der Kontrolle des Bewußtseins. Darin besteht der Wert eines Traumes. Er ist ein *Fenster* zur Innenwelt der Psyche, und es lohnt sich, ihm große Beachtung zu schenken. Laut Jung besteht der erste Schritt bei der Traumdeutung darin, die Beziehung des Träumers zu seinem Traum herauszufinden, um die Bedeutung der darin vorkommenden Symbole interpretieren zu können. Es ist deshalb besser, nicht nur einen, sondern eine Reihe von Träumen zu betrachten, da sich dann möglicherweise ein Muster abzeichnet, aus dem die Bedeutung der wichtigsten Symbole leichter abgelesen werden kann. Es gibt keine feststehende Interpretation von Symbolen. Schwarze Katzen müssen nicht in jedem Fall Unglück bedeuten! Die Mutterfigur kann zum Beispiel Liebe, Wärme, Trost für den einen und Angst, Haß und Frustration für den anderen bedeuten. Darüber hinaus darf auch der *Mutterarchetypus* nicht vergessen werden. In anderen Worten, manche Symbole können auf mehreren, sowohl archetypischen als auch persönlichen Ebenen interpretiert werden.

Träume können aus zwei verschiedenen Blickwinkeln betrachtet werden – subjektiv und objektiv –, sie können in Verbindung zur Innenwelt gesehen werden oder in Verbindung zur tatsächlichen Welt der physischen Umgebung. Im ersten Falle versinnbildlichen die darin auftauchenden Figuren und Symbole Aspekte des Innenlebens des Träumers, während sie im zweiten Falle wirkliche Menschen und die Beziehungen zu ihnen darstellen. In der Praxis ist eine richtige Deutung manchmal auf beide Arten möglich.

Einstellungstypen

Die psychologischen Theorien von Freud und Adler bieten plausible Erklärungen der Neurose an. Im wesentlichen handelt es sich bei beiden um elegante Systeme, deren Gültigkeit sich sowohl durch Beobachtungen als auch durch Untersuchungen nachweisen läßt. Beide Theorien scheinen richtig zu sein; beide können als gültige Systeme nachgewiesen werden. Aber können denn zwei so gegensätzliche Systeme beide richtig sein? Die Anhänger beider Schulen standen miteinander auf Kriegsfuß; beide Seite bestanden darauf, daß sie recht hätten und verurteilten ihren Gegner von ganzem Herzen. Dieses Problem gab Jung eine Menge zu denken. Die Antwort, die er schließlich darauf fand, ist typisch für seinen genialen Geist. Er erkannte, daß der Ansatz beider Schulen jeweils durch ihre Grundeinstellung bestimmt war. Die Freudsche Schule schaute nach innen und suchte in der Welt des Unbewußten nach der Erklärung, während die Adlersche Schule nach außen, auf die Umwelt, gerichtet war. Diese Überlegung ließ in Jung die Frage aufkommen, ob es dann nicht grundsätzlich zwei verschiedene Typen von Menschen gäbe, einen Typus, bei dem die eigene Person im Mittelpunkt steht und einen, der an der objektiven Welt interessiert ist. Als Ergebnis dieser Erwägungen entwickelte Jung die Theorie von den *Einstellungstypen* und stellte die Hypothese von den beiden möglichen Grundeinstellungen des Menschen auf. Er nannte sie *introvertiert* und *extrovertiert*. Der erste schaut nach innen und der zweite nach außen. Richtig verstanden ist die These von den beiden gegensätzlichen Typen nichts anderes als ein anderer Ausdruck für das Gesetz der komplementären Prinzipien oder der beiden Säulen des Tempels, die wir schon weiter vorne erwähnt haben. Ideal wäre es, wenn es möglich wäre, zwischen beiden Einstellungen nach Belieben abzuwechseln, aber in der Praxis sind wir alle für eine der beiden Lebenseinstellungen prädisponiert. Das nachdenkliche Wesen des Introvertierten veranlaßt ihn, zuerst zu denken und dann zu handeln. Das macht seine Reaktionen natürlich langsam, und er hat häufig Schwierigkeiten, sich an die äußere

Welt anzupassen. Der Extrovertierte hat hingegen eine positive Beziehung zu den Dingen und fühlt sich zu ihnen hingezogen. Neue, unbekannte Situationen faszinieren ihn, und er springt einfach ins Wasser des Unbekannten hinein. Im allgemeinen handelt der Extrovertierte zuerst und denkt erst dann nach. Doch das Gesetz der komplementären Prinzipien wirkt auch nach innen. Ein Introvertierter besitzt eine innere Einstellung der Extroversion, während ein Extrovertierter eine innere Einstellung der Introversion hat. In jedem Introvertierten steckt also ein Extrovertierter, der herauszukommen versucht und umgekehrt!

Die vier Funktionen

Mit der Unterteilung der menschlichen Gattung in zwei Lager, das der Extrovertierten und das der Introvertierten, können jedoch nicht alle Varianten der menschlichen Persönlichkeit erklärt werden. Der Extrovertierte begegnet der Welt auf ganz besondere Weise, je nachdem auf welche Art seine Psyche arbeitet. Dasselbe gilt für den Introvertierten. Jeder wendet das an, was Jung seine *am meisten differenzierte Funktion* nennen würde. Jung unterschied vier verschiedene Funktionen. Obwohl diese Unterscheidung die Veranschaulichung erleichtert, gibt es in Wirklichkeit wahrscheinlich sehr wenig reine Typen. Im Kapitel 7 wurde die Anordnung der Funktionen kurz erklärt. Jeder Funktionstyp kann seinerseits wieder extrovertiert oder introvertiert auf das Leben reagieren. Damit gibt es acht Grundtypen und eine Unmenge von Mischtypen. Ein Denktypus kann also rein sein oder unterschiedlich vermischt mit der Empfindungs- oder Intuitionsfunktion. Allerdings kann der Denktypus nie vermischt sein mit der Gefühlsfunktion: die beiden sind als komplementäre Funktionen ihrem Wesen nach zu gegensätzlich, denn Fühlen ist die unbewußte Einstellung. Dasselbe Prinzip läßt sich analog auf alle anderen Funktionstypen übertragen. Anhand einiger Beispielen wird das Ganze vielleicht klarer, aber die möglichen Kombinationen sind fast unendlich. Schließlich sind wir Menschen Individuen.

Der extrovertierte Denktypus wendet sich der äußeren Welt zu. Da sein Interesse vor allem objektiven *Tatsachen* gilt, beschäftigt er sich mit Ideen, wenn überhaupt, nur dann, wenn sie auf Tatsachen beruhen, die seiner Vorstellung von *Wirklichkeit* entsprechen. Er steht mit beiden Füßen auf dem Boden, kann nicht über die tatsächlichen Dinge hinaussehen und schränkt damit seinen eigenen Denkhorizont ein.

Der introvertierte Denktypus befaßt sich vorwiegend mit Ideen, nicht mit Fakten. Er ist der Theoretiker, der *kreative* Denker. Ihn interessiert die innere Welt. Er kann schüchtern und in sich gekehrt sein und schenkt anderen Menschen und der Welt um ihn herum wenig Beachtung.

Der extrovertierte Fühltypus ist im allgemeinen gut an die Welt angepaßt und neigt dazu, »immer wieder auf die Beine zu fallen«, da es ihm vor allem um persönliche Beziehungen geht. Er ist häufig taktvoll und charmant und macht das gesellschaftliche Leben erst möglich. Die besseren Ausführungen haben den echten Wunsch, anderen Menschen, die weniger Glück im Leben gehabt haben, zu helfen. Die schlimmeren Exemplare können hingegen unaufrichtig, gekünstelt oder extravagant sein.

Der introvertierte Fühltypus kommt uns häufig vollkommen anders vor als der extrovertierte. Er scheint oft in sich gekehrt und reserviert, und seine tiefe Sympathie und sein großes Verständnis kommen nur im geschützen Kreise der Familiengruppe oder der Freunde zum Vorschein. Dieser Typus drückt seine inneren Gefühle möglicherweise in der Kunst oder Religion aus. Er ist ein wertvoller, guter Freund.

Der extrovertierte Empfindungstypus nimmt alles, wie es kommt. Er besitzt wenig oder keine Phantasie und unternimmt keinerlei Versuch, seine Denkfunktion zur Analyse von Eindrücken zu nutzen. Das Hauptziel dieses Typus besteht im Erregen von Empfindungen, im Spüren. Er macht oft den Eindruck einer ruhigen und scheinbar vernünftigen Person. Häufig liebt er Spaß und ist ein lustiger Zeitgenosse, wobei sein Hauptziel immer darin besteht, Dinge zu suchen, die ihm Vergnügen bereiten. Außerdem möchte er auch häufig Empfindungen bei anderen hervorrufen. Die Schlimmsten sind die sensationslüsternen Hedonisten.

Der introvertierte Empfindungstypus ist oft überwältigt von der Vielzahl von Sinneseindrücken. Er ist schwer zu verstehen und ständig mit inneren Bildern beschäftigt. Empfindungen zu *erfahren* ist ein Ziel dieses Typs, doch die Empfindungen werden wahrscheinlich von inneren Stimuli hervorgerufen; die objektive Welt wird erst in zweiter Linie in Betracht gezogen. Solche Menschen haben oft eine lebhafte Phantasie, bauen *Luftschlösser* und haben merkwürdige übersinnliche Erfahrungen. Musiker und Künstler sind häufig diesem Typus zuzurechnen.

Der extrovertierte intuitive Typus hat häufig eine Abneigung gegen alle etablierten *sicheren* Dinge. Er folgt seiner inneren Wahrnehmung und kann bei der Verfolgung seiner inneren Ziele rücksichtslos gegenüber anderen sein. Er erntet selten die Früchte seiner Arbeit, denn er ist ständig hinter neuen Möglichkeiten her und interessiert sich kaum für allgemein anerkannte Wirklichkeitswerte. Er geht nur selten einen einmal eingeschlagenen Weg bis zum Ende. Sobald er denkt, das Ziel sei in Sicht, hält er schon wieder nach neuen Möglichkeiten Ausschau. Sein Privatleben ist häufig chaotisch, aber nur selten langweilig!

Der introvertierte intuitive Typus ist oft ein mystischer Träumer und Seher, aber leider auch oft ein Phantast und Spinner. Manche der Propheten gehörten zweifellos diesem Typus an, aber es ist leicht nachvollziehbar, wie die Verfolgung der inneren Wahrnehmung zu einer Obsession auswachsen kann, wenn sie zum einzigen Ziel wird und dabei ihr Sinn und Zweck aus den Augen verloren wird. Blake wird häufig als typischer Vertreter dieser Gruppe genannt – er war Dichter und Künstler zugleich.

Religion und Individuationsprozeß

Jung war der einzige unter den Psychologen, der einen *religiösen Instinkt* beim Menschen vermutete. Er sah religiöse Verehrung und den Wunsch nach Einheit mit dem Göttlichen als ebenso natürlich an wie alle anderen Grundtriebe des Menschen und ging davon aus, daß psychische Gesundheit und Stabilität von einem angemessenen Ausdruck dieses Instinktes abhängig seien. Gewiß sollte das primäre Ziel der Religion darin bestehen, die inneren und äußeren Welten zusammenzubringen, um das Königreich auf Erden zu begründen. Und Jungs Psychologie zielt auf die Einheit der inneren und äußeren Welten des Individuums ab. Eines ist jedoch sicher: solange keine indivuelle Einheit erzielt worden ist, ist auch keine Weltharmonie möglich. Diesen Vereinigungsprozeß, den er als eine progressive Entwicklung des ganzen Menschen ansah, nannte er Individuation. Es handelt sich dabei um einen Prozeß der Integration, bei dem die unbewußten Wünsche und Erwartungen erkannt, mit den bewußten in Einklang gebracht und bewußt in der Einstellung und in Taten zum Ausdruck gebracht werden. Das ist ein zutiefst *religiöser* Vorgang, ob man nun in Kategorien von Energien und Kräften im Unbewußten denkt oder in konventionellerer mystischer Symbolik. Das Ziel ist dasselbe – nämlich Vollkommenheit.

Die Entwicklungsstadien der westlichen Traditionen, auch unter dem Namen Kleine Mysterien bekannt, zielen ebenfalls auf das Erreichen eines vernünftigen Maßes an Individuation und auf die Stimulation des inneren Wesens mit Hilfe der Kräfte der Initiation ab.

Zehntes Kapitel

Karma und Schicksal

In den Kapiteln weiter vorne sind wir bei der Diskussion über die Evolution bereits auf die Fehler und den Mißbrauch des freien Willens eingegangen. Wir wollen uns nun etwas eingehender mit diesen ziemlich vagen Begriffen beschäftigen, denn sie haben eine unmittelbare praktische Auswirkung auf jeden Leser dieses Buches. Definieren wir also unsere Begriffe erst einmal.

Der Begriff Karma wurde bereits weiter vorne eingeführt. Karma ist ein Wort, das dem östlichen Okkultismus entlehnt ist. Im Grunde bedeutet es nichts anderes als das Prinzip von *Ursache und Wirkung*. Unter Schicksal verstehen wir hingegen einen Teil des großen Planes, für den ein bestimmter Mensch verantwortlich ist. Sie haben Ihren Teil zu erfüllen, ich meinen. Jeder Teil stellt ein winziges Edelsteinchen in einem riesigen Mosaik dar; jeder Teil ist einzigartig; jeder Teil ist wichtig. Um die Zusammenhänge zwischen Karma und Schicksal besser zu verstehen, müssen wir den Begriff Karma im einzelnen klären.

Der Begriff Karma beruht auf der Vorstellung, daß jede Aktion eine Reaktion hervorruft. Ein Pendel, das angestoßen wurde, bewegt sich solange, bis seine Kräfte sich wieder ausbalancieren. Das Universum ist ein geschlossenes System, und jede verlagerte Kraft muß von einer Gegenkraft ausgeglichen werden. Wir sind mehr als nur physische Wesen; wir können emotional *handeln* über das Fühlen und geistig über das Denken. Desgleichen können die Reaktionen auf unsere Aktionen auch auf nicht-materiellen Ebenen stattfinden.

In der Praxis bedeutet Karma das Einfahren der Ernte von Handlungen in der Vergangenheit. Das funktioniert folgendermaßen: Stellen Sie sich den Plan in der Vorstellung Gottes als ein riesiges Geflecht von Kräften vor, in dem wir die Freiheit besitzen, uns individuell zum Ausdruck zu bringen und so unseren einzigartigen Beitrag zum großen Plan zu leisten. Wenn es uns gelingt, uns dabei auf diese Kräfte auszurichten, dann sind die einzigen Reaktionen, die hervorgerufen werden, Bewegungen, die uns auf unserem wahren Pfad nach vorne befördern und unsere Anstrengungen unterstützen. Von solchen Menschen würde man sagen, daß sie an der Erfüllung ihres Schicksals arbeiten.

Haben wir jedoch falsche Vorstellungen vom Schicksal und versuchen, gegen die Kräfte des Planes zu handeln, dann wirken diese Kräfte unseren Anstrengungen entgegen und bringen uns von der rechten Bahn ab. Diese Reaktion wird als *Karma* erfahren. Es handelt sich dabei eher um ein physikalisches als um ein ethisches Problem. Wenn wir uns *Karma* einfach als Reaktion vorstellen, dann könnte es sowohl *gut* als auch *schlecht* sein. Allerdings tendieren wir Menschen der westlichen Welt dazu, die Verwendung dieses Wortes ausschließlich auf die verhängnisvollen Ergebnisse falschen, also schlecht ausgerichteten Verhaltens zu beschränken.

Natürlich muß die naheliegende Frage lauten: »Warum?« Weshalb sollten wir absichtlich diesen Kräften entgegenhandeln, die nur hilfreich für uns sind? Die Antwort darauf finden wir im Geheimnis des freien Willens. Der freie Wille scheint ein großangelegtes Experiment dieses Universums darzustellen: eine neue Idee in der Gestaltung des Universums, eine große Wesenheit, Gott, der mit einem riesigen Schwarm von niedrigeren Wesen desselben Typs zusammenarbeitet. Beide besitzen einen freien Willen. Beide haben Verantwortung. Gott verkörpert seine Erfahrung in einer perfekten abstrakten Form und erhält sie. Wir müssen die Detailarbeit leisten. Jeder von uns ist verantwortlich, einen winzigen Teilbereich in einzigartiger, individueller Weise zu gestalten, wobei wir schließlich unsere Kreativität auf der dichtest möglichen Daseinsebene zum Ausdruck bringen. Beide, Gott und der Mensch, sind die Schöpfer.

Viele Okkultisten sind der Meinung, daß auch noch andere Wesen mit im Spiel waren, bevor wir auf den Plan gerufen wurden: Wesen, die eine relative Vollkommenheit erreicht hat-

ten und alle vollkommen in Einklang mit dem von Gott ange-
strebten Ziel waren. Diese Wesen halfen Gott bei der Erschaffung des Rahmens für das Universum. Manche dieser Wesen,
die in der Evolution weiter fortgeschritten sind als wir und
manchmal auch die Herren der Flamme, der Form und des
Geistes genannt werden, wurden später auch bekannt als die
Erzengel, *die im Angesicht Gottes stehen.*

Laut dieser Theorie war also bereits eine bestens organi-
sierte Struktur vorhanden, als die Zeit für uns kam, uns an unsere Arbeit zu machen. Doch während unsere Vorgänger ein-
gestimmt waren auf den Plan, waren wir es nicht. Wir mußten
unsere Kreativität den Zielen unseres Schicksals anpassen. Der
Überlieferung zufolge fing damit das ganze Theater an. Vielen
widerstrebte der Plan, und sie übernahmen lieber andere Rollen als die, die ihnen in dem großen Schauspiel vorbestimmt
waren. Manchen widerstrebte die Arbeit innerhalb der Beschränkungen der festen Materie. Anderen widerstrebten ihre
Mitspieler. Allen paßte irgend etwas daran nicht, und sie wirkten dem Plan auf irgendeine Weise entgegen.

Der Geist, der Wesenskern jedes Mannes und jeder Frau,
besteht aus weiblichen und männlichen Elementen in einem
vollkommen ausgeglichenen Verhältnis. Doch auf der materiellen Ebene des Planes mußten animalische Körper benutzt
werden, um in der Begrenzung der festen Materie wirken zu
können. Diese tierischen Gestalten waren entweder männlich
oder weiblich. Und um unseren Part im Plan der dichten Substanz richtig spielen zu können, war ein Körper mit einem
spezifischen Geschlecht nötig. Für das Schicksal des einen Geistes war möglicherweise ein weiblicher Körper erforderlich,
für das des anderen ein männlicher. In jedem Fall bedeutete
dies jedoch, daß der perfekte Gleichgewichtszustand für eine
einseitige Ausdrucksform aufgegeben werden mußte. Häufig
wurde die erforderliche Geschlechterrolle nur mit Widerstreben akzeptiert.

Wahrscheinlich reichen diese Ausführungen bereits aus, um
die vielen verschiedenen Möglichkeiten aufzuzeigen, wie un-
kontrollierter freier Wille zu einer schlechten Einstimmung auf
die Kräfte führen kann, die die Struktur des Universums erhal-

ten. Eine schlechte Ausrichtung oder ein Nicht-im-Einklang-Sein mit den Kräften bedeutet Karma. Doch die destruktiven Möglichkeiten des freien Willens müssen dem Geist Gottes sicher bekannt gewesen sein.

Die Evolution könnte verglichen werden mit einer riesigen Leinwand, auf die einer der großen Meister die Konturen einer Gestalt von unvergleichlicher Schönheit aufgemalt hat, und die eine Horde selbstsüchtiger, unverantwortlicher, streitender Kinder nun anscheinend wahllos mit Farbe vollschmiert. Doch irgendwie scheinen die Konturen trotzdem noch durch. Stellen Sie sich den Kummer des Künstlers vor, der weiß, wie das Meisterwerk am Ende eigentlich aussehen sollte, aufgrund seines eigenen freien Willens jedoch auf gar keinen Fallen eingreifen kann. Eine Ewigkeit muß vergehen, bis die Kinder heranwachsen und die Lektionen über Disziplin und Zusammenarbeit lernen und ganz allmählich ihre Rolle bei der Vollendung des Meisterwerkes erkennen. So sieht die Evolution in einem Universum aus, in dem der Leitgedanke der freie Wille ist. Uns wird versichert, daß das Ergebnis die Mühe wert sei. Nachdem wir die Früchte vom verbotenen Baume gegessen haben, werden wir wie Götter werden und gut von böse unterscheiden können.

Sie merken vielleicht schon, daß unsere ganzen Schwierigkeiten auf unserem Karma beruhen, denn Sie sind, *was* Sie sind aufgrund Ihres Karmas. Sie sind, *wo* Sie sind, aufgrund Ihres Karmas. Und Ihre Zukunft hängt von Ihrer Vergangenheit ab und von dem, was Sie *jetzt gerade* tun. Sie sind gerade dabei, Ihre Zukunft zu schmieden, in diesem Moment.

Wie können Sie mit Ihrem Karma umgehen? Bevor wir darauf irgendeine Antwort geben können, müssen wir uns zuerst noch einige Punkte genauer ansehen. Vielleicht haben Sie sich schon gefragt, wie wir uns überhaupt den Kräften des Planes entgegenstellen können. Wir scheinen doch eigentlich ziemlich unbedeutende Wesen zu sein, verglichen mit der Unermeßlichkeit des Universums. Doch wir sind nicht unbedeutend. Das ist eine Tatsache, über die sich alle Okkultismusschüler vollkommen im klaren sein sollten.

Wir sind aus demselben Holze geschnitzt wie Gott und sind

auch für uns selbst genommen ungeheuer mächtige Wesen. Deshalb war (und ist) es für uns möglich, gegen unser Schicksal anzugehen. Natürlich kostet es uns viel Energie, gegen den Strom zu schwimmen – oder auch nur auf der Stelle treten. Eine der Auswirkungen von Karma ist also, daß wir viel Energie zur Aufrechterhaltung falscher Positionen binden; dadurch verringert sich unsere Kraft als kreative Wesen beträchtlich. Und solange wir in der falschen Richtung weitergehen, werden wir dadurch gelähmt.

Seit Anbeginn der Zeiten sind wir untereinander und mit unserem Gott uneins. Doch es gibt einen Hoffnungsschimmer in der Dunkelheit. Die Kraft des Geistes ist nicht zeitlich oder räumlich begrenzt. Und sogar ein falsches Schicksal enthält noch ein Körnchen von dem ursprünglichen, wahren Plan. Die Lehren des Okkultismus weisen uns einen Weg zwischen Karma und Schicksal. Doch jeder, der schon einmal versucht hat, sich das Rauchen abzugewöhnen, weiß, wie schwer es ist, eine eingefahrene Gewohnheit aufzugeben. Es ist schmerzhaft. Es verlangt Mut. Aber wer will schon ein Halbwesen bleiben?

Karma und Leben

Wenn wir unserem Schicksal folgen, müßten wir eigentlich kraftvoll, glücklich, friedlich, kreativ und gesund sein und vor Begeisterung und Lebensfreude nur so strotzen. Im allgemeinen sind wir jedoch nur wenig davon. Der Grund ist unser Karma. Wie ändern wir das?

Manche Menschen glauben, sie müßten zuerst vollkommen werden, um anderen dienen zu können. Das stimmt jedoch nicht. Jeder karmische Knoten, der gelöst wird, setzt ein bißchen mehr vom Schicksal frei. Jede falsche Lebensweise, die geändert wird, gibt die an sie gebundene Energiemenge frei. Diese Dinge bewirken tiefgreifende Veränderungen in der Welt – besonders wenn sie aus bewußtem Vorsatz heraus geschehen.

Manche Schüler machen sich mit wilder Entschlossenheit und unbarmherziger Effizienz an die Aufgabe, wieder auf die rechte Bahn zu kommen. Entschlossenheit und Effizienz sind wichtig, die Einstellung dahinter ist es nicht. Wir nennen diesen Prozeß des Korrigierens von in der Vergangenheit begangenen Fehlern Regeneration oder Erneuerung. Das bedeutet, einen neuen Menschen aus Ihnen zu machen, tun Sie also diese Berichtigung früherer Fehler nicht als lästige und langweilige Aufgabe ab. Lassen Sie Ihre eigene sündige Unwürdigkeit aber auch nicht zu einer fixen Idee werden. Wenn Sie es richtig angehen, kann Ihnen die Regeneration jeden Tag eine neue Erfahrung bescheren. Stellen Sie sie sich einfach als eine Forschungsreise mit all den dazugehörigen Überraschungen, mit harter Arbeit, Schwierigkeiten, Gefahren und Erfüllung vor. Sich mit seinem Karma auseinanderzusetzen, ist genau dasselbe wie eine Expedition in ein fernes, fremdes Land. Es verlangt dieselben Qualitäten von uns, wobei eine der wichtigsten wohl ein ausgeprägter Sinn für Humor ist!

Ein Mangel an Humor hindert angehende Okkultisten häufig daran, die Früchte ihrer Erfolge zu ernten. Wenn Sie irgend etwas bei sich selbst richtigstellen konnten, dann sollten Sie Gott auf den Knien dafür danken. Doch suchen Sie danach auch nach einer Möglichkeit, Ihre neugewonnene Freiheit zu *nutzen.* Nutzen Sie Ihre Regeneration, um Spaß zu haben und sich zu vergnügen: *Genießen Sie sie!* Und sorgen Sie dann dafür, daß auch andere in ihren Genuß kommen.

Karma beruht auf falschen inneren Einstellungen, die zu einem Lebensstil geworden sind, und ist damit dynamisch. Es handelt sich nicht um eine *Sünde* oder mehrere Sünden, sondern um einen gesamten Einstellungskomplex. Und aus den Einstellungen hat sich ein Lebensstil entwickelt. Das Karma ist verantwortlich für Probleme, die von Impotenz bis zu einem Weltkrieg reichen können. Lebensstile hinterlassen Spuren, und wenn diese gewohnten Pfade von jemandem untersucht werden, der weiß, wonach er suchen muß, ist es möglich, sowohl das Karma als auch das Schicksal zu erkennen. Eine *karmische* Einstellung schafft sich eine geeignete Form; auch eine schicksalsbedingte Einstellung sucht sich eine Form. Was aber sind diese Formen? Zuerst einmal spiegelt alles, sei es nun unser Körper, unsere Umwelt, unsere Beziehungen und unsere

Arbeit, unser Karma wider. Sie repräsentieren unseren inneren Zustand. Wir sind vollkommen verantwortlich für sie, aber wir können sie auch ändern.

Und wie? Zum einen, indem Sie sich selbst erkennen und der Wahrheit ins Auge sehen, was Sie sind und was Sie nicht sind. Und zum anderen, indem Sie Ihre Umwelt und Ihre Beziehungen genau prüfen und die Bereiche herauszufinden versuchen, die einer Veränderung bedürfen, dann etwas in dieser Richtung unternehmen und dieses Ziel aktiv verfolgen, bis die Veränderung tatsächlich abgeschlossen ist. Danach wenden Sie sich dem nächsten Problempunkt zu und so weiter.

So einfach ist das? Natürlich. Aber keinesfalls leicht. Das große *okkulte Geheimnis* bei dem Ganzen ist die *Einstellung*. Normalerweise geht die Evolution unbewußt und langsam vor sich, indem sie Fehler berichtigt und Blockaden beseitigt, wie Wasser langsam Gestein auswäscht. Okkultisten nehmen ihre eigene Evolution *bewußt* selbst in die Hand. Das Schlüsselwort ist *bewußt*.

Vom Umgang mit dem Karma

Theoretisch müßte es eigentlich möglich sein, sich hinzusetzen, ein bißchen Selbstanalyse zu betreiben, sich im Geiste eine Liste seiner Fehler und Unzulänglichkeiten zu machen, deren auslösende Ursache herauszufinden, die innere Einstellung zu ändern und dann entsprechend zu handeln. Das ist die Theorie! In der Praxis ist es schlicht unmöglich, so vorzugehen. Denn man hat es nicht etwa mit einer oder zwei falschen Vorstellungen zu tun, sondern falschen Angewohnheiten, die die wahre Natur Ihres Wesens verändert haben, falschen Handlungen, die Rückstände und Pflichten entstehen haben lassen. Ein weit fortgeschrittener Adept könnte es wahrscheinlich. Aber er hätte es wiederum nicht mehr nötig.

Wo fangen Sie also an? Was machen Sie? Und wann? Sie fangen *jetzt* an. Wo Sie anfangen, ist nicht so wichtig. Es kommt nicht darauf an, wo Sie anfangen, sondern *wie*. Was Sie machen hängt davon ab, was Sie sind. Eine Rückführung in frühere Leben ist nicht nötig; alle Beweise, die Sie brauchen, liefert Ihnen Ihr jetziges Leben, und Sie haben alles direkt um sich herum.

Fangen Sie also auf der materiellen Ebene an. Greifen Sie einen kleinen Bereich Ihres Lebens heraus – irgendeinen kleinen Lebensbereich –, in dem Sie Schwierigkeiten haben, und schaffen Sie dort, in diesem Bereich, *Ordnung* und übernehmen Sie die *Kontrolle*. Und wenn Sie dann in diesem Bereich alles Ihrem wahren Willen unterstellt haben, versuchen Sie diesen Zustand *aufrechtzuerhalten*. Er muß unbedingt beibehalten werden. Philosophieren Sie nicht einfach herum – sondern tun Sie etwas. Denken Sie nicht – handeln Sie.

Der Vorgang ist im Prinzip einfach, doch es können Schwierigkeiten auftreten. Die meisten Menschen sind zu ehrgeizig. Wenn Sie sich den Lebensbereich ausgesucht haben, in dem Sie Ordnung schaffen wollen, stürzen Sie sich darauf und beginnen Sie damit, alles, was Ihnen unterkommt, zu *korrigieren*. Nach einer Weile wächst Ihnen dann die ganze Situation über den Kopf, Sie verlieren das Interesse, und der vorherige Zustand stellt sich von selbst wieder ein. Ein weiterer Mißerfolg auf der langen Liste verstärkt die Gewohnheit an das Versagen. Vergessen Sie nie eine der okkulten Grundregeln genannt das Gesetz der Beschränkung. Es besagt, daß Sie sich Grenzen setzen müssen, wenn Sie auch nur irgend etwas in diesem Universum erreichen wollen. Aus einem offenen Gefäß entweicht der Dampf; aber wenn Sie ihn in einen Boiler einsperren, haben Sie das Potential für eine industrielle Revolution geschaffen. So fing auf jeden Fall die letzte an. Sie müssen Ihren dringenden Wunsch nach Regeneration auf einen einzigen Bereich konzentrieren, wie der Dampf im Boiler konzentriert wurde. Sie müssen Ihren Wunsch in zwei Dimensionen einschränken – in Raum und Zeit. Anstatt Ihre Anstrengungen in alle Richtungen zu verstreuen, beschränken Sie sie auf einen klar umrissenen, ganz spezifischen Bereich und einen bestimmten Zeitraum Ihres Lebens. Sie nehmen sich vor: »Ich werde an *diesem Punkt* etwas ändern, *täglich zwei Wochen lang* etwas dafür tun und dann das Problem erneut überprüfen.« Das ist alles, was Sie tun müssen. Wird diese Methode fortgeführt, ist sie ein sicherer Erfolg. Wenn Sie in einem Bereich Ihres Lebens Ordnung schaffen *und diese aufrechterhalten*, können Sie erwägen, Ihre Kontrolle auszudehnen.

Ganz sicher wird Ihr Unterfangen auf Widerstand stoßen; der meiste davon wird von innen kommen. Ihr Verstand, der auf den grundlegenden Fehler programmiert ist, wird sich eine Unmenge von Gründen einfallen lassen, das Projekt nicht fortzusetzen. Er wird alles dafür tun, das Projekt als lächerlich, sinnlos, reine Zeitverschwendung, zwecklos, unrealistisch und so weiter hinzustellen. Außerdem werden sich wahrscheinlich auch noch Ihre Gefühle einmischen. Sie werden Langeweile, Wut, Gereiztheit und andere Reaktionen empfinden. All dies sind gute Zeichen dafür, daß Ihre Arbeit wirkungsvoll ist. Versuchen Sie Ihre Reaktionen so objektiv wie möglich zu beobachten, dann werden Ihnen wahrscheinlich einige neue Seiten an sich auffallen. Mit der Zeit werden sich Ihre Reaktionen in klar umrissenen Kategorien bewegen. Wenn Sie diese mit unvoreingenommener Sympathie untersuchen, können Sie vielleicht eine grobe Vorstellung von dem grundlegenden Fehler bekommen, den sie vor ewigen Zeiten begangen haben, als Sie sich in gewisser Weise und bis zu einem gewissen Grad entschieden haben, *den Weg alleine zu gehen*.

Inzwischen haben Sie vielleicht Ihr Problem auf der physischen Ebene gelöst, Ordnung geschaffen und die Kontrolle übernommen, doch die tatsächliche Ursache – nämlich Ihre geistige Haltung – ist immer noch dieselbe. Deshalb kommt es zu Reaktionen und Widerständen. Der Verstand versucht das alte Verhaltensmuster wiederherzustellen, während Sie (Ihr wahres Ich) eifrig darum bemüht sind, eine neue Lebensweise zu etablieren. Anhand dieser Beschreibung erkennen Sie vielleicht den wahren Wert dieser scheinbar trivialen Übung. Bei jedem normalen Durchschnittsmenschen haben verkehrte Einstellungen und Fehler einen *falschen Willen* entstehen lassen. Gelegentlich – besonders in Streßmomenten – kommt der wahre Wille durch, doch im allgemeinen hat der falsche Willen das Sagen. Sobald Sie *bewußt* versuchen, alte Verhaltensmuster zu ändern und von der physischen Ebene aus zu arbeiten, werden die alten Gewohnheiten gebrochen, und eine Zeitlang sitzt das wahre Selbst im Sattel. Daraus ergibt sich eine neue Befehlsabfolge: wahrer Wille, verstandesmäßige Idee, emotionaler Antrieb und körperliche Aktion. Mag der Anfang noch so bescheiden sein, so wurde doch ein wirklicher spiritueller Impuls empfangen, umgesetzt und geerdet.

Wird die Übung weitergeführt, dann sitzt das neue Führungssystem mit der Zeit immer fester im Sattel und neue Gewohnheitsmuster entstehen. Von allen Vorteilen, die dies mit sich bringt, ist der wichtigste, daß Sie selbst jetzt wieder befehlen, wo es lang geht. Wenn Sie also kämpfen, um die Ordnung in einem kleinen Bereich Ihres Lebens nach dieser Methode aufrechtzuerhalten, denken Sie immer daran, daß Sie einen Putsch planen, mit dem Sie sich selbst wieder auf den Thron heben wollen.

Es ist völlig gleichgültig, wo Sie anfangen – egal in welchem Lebensbereich. Viele Leute haben jedoch gerne eine Hilfestellung, wenn sie ein Unternehmen mit so weitreichenden Auswirkungen angehen. In Tabelle 5 sind einige Lebensbereiche aufgeführt, die Ihnen vielleicht die Entscheidung erleichtern, mit welchem karmischen Muster Sie beginnen wollen. Sie stellt fünf allgemeine Lebensbereiche dar, die wiederum in die Unterbereiche aufgespalten sind, die in der Regel am häufigsten Anlaß für Ängste, Sorgen und Frustrationen bieten. Es gibt natürlich noch weitaus mehr. Im allgemeinen bringt es Ihnen wahrscheinlich mehr, wenn Sie mit einem Gebiet der materiellen Welt beginnen, wenigstens am Anfang. Vergessen Sie nicht, Ihr Projekt sowohl umfangmäßig als auch zeitlich klar zu begrenzen. Es folgen zwei Beispiele aus dem Leben.

Beispiel 1: John Smith

John ist fünfzig Jahre alt, fünfundzwanzig Jahre verheiratet, und seine Haare beginnen sich zu lichten. Seine Bewegungen sind langsam, sein Gesichtsausdruck unzufrieden, und er arbeitet als kleiner Angestellter bei einer Versicherungsgesellschaft. Er hat keine Hochschulausbildung. Seine Arbeit langweilt ihn. Er wohnt mit seiner Frau in einer Wohnung in der City; er mag seine Frau eigentlich, aber die Ehe scheint sich in

Tabelle 5: Karmische Lebensbereiche

Persönlicher Bereich	Geld / finanzielle Mittel	Wohnung	Beziehungen	Arbeit / Karriere
Gesundheit	Genug?	Allgemeinzustand Instandhaltung	Ehe	Erfüllung
Aussehen	Richtiger Umgang	Aussehen	Körperliche Beziehungen Stabilität, Sex, Kommunikation, Freundschaft, Kameradschaft, gemeinsame Interessen, Freude, Vertrauen, finanzielle Mittel (Geld, Besitz), gegenseitige Hilfe	Geld
Kleidung	Richtiges Ausgeben	Sauberkeit	Freundschaften Kommunikation, Vertrauen, gemeinsame Interessen, gegenseitige Hilfe	Richtiger Ort
Gewohnheiten	Richtiges Sparen Richtiges Investieren	Ordnung Komfort Schönheit		Stabilität Aussichten Beziehungen zu anderen

den letzten zehn Jahren ziemlich eintönig dahinzuschleppen.
Er hat keine Hobbies, außer ab und zu ein Buch zu lesen. Ein
typischer Abend sieht folgendermaßen aus: Essen vom Tablett
(aber er ißt gerne so), Fernsehen und vielleicht ein bißchen
Lesen. Er hat das Gefühl, daß das Leben an ihm vorbeigegan-
gen ist und die Welt die Lust an ihm verloren hat. Früher interessierte er sich für Spiritualismus, doch er traf zu viele Spinner
und ist deshalb enttäuscht.

Eines Tages hörte er beim Mittagessen, wie jemand Okkultismus als etwas Finsteres und Unheimliches schilderte, und
das löste eine heftige Reaktion bei ihm aus: »Der redet ja nur
Quatsch – das ist überhaupt nicht so.« Die Reaktion ließ wieder nach, doch den ganzen Nachmittag überkam ihn immer
wieder für einen kurzen Moment ein aufgeregtes Kribbeln.
Auf dem Heimweg ging er an einem Buchladen vorbei, um
sich den neusten Thriller zu besorgen. Beim Herumstöbern fiel
sein Blick auf dieses Buch, und er kaufte es sich spontan. Er las
das Buch neben dem Abendessen, neben dem Fernsehen, nur
ab und zu unterbrochen von den Kommentaren seiner Frau.
Er las dieses Kapitel (und war verblüfft, ein Beispiel zu finden,
das genau wie er war!) und schlief endlich um zwei Uhr morgens ein, fest entschlossen, etwas in seinem Leben zu ändern.
Seine letzten Gedanken waren, daß das die erste Aufregung
war, die er in den letzten zwanzig Jahren empfunden hatte.

Der nächste Tag war ein Samstag. Normalerweise schlief er
da aus. Aber an diesem Morgen wachte er früh auf mit dem
Gefühl, etwas unternehmen zu müssen. Einen kurzen Augenblick zögerte er und hielt mit sich selbst Zwiesprache –
schließlich war heute Samstag, und er müßte eigentlich schlafen. Doch dann erinnerte er sich an die Worte im Buch »Denke
nicht – sondern *handle*.« Leise taumelte er also schlaftrunken
aus dem Bett, denn er wollte seine Frau nicht wecken. Er
wollte nicht bei etwas erwischt werden, das lächerlich erscheinen könnte. Würde seine Frau es lächerlich finden? Er wußte
es nicht. Er merkte, daß er nicht wußte, was seine Frau dachte.
Er watschelte am Badezimmer vorbei in Richtung Küche und
sah sich im Vorübergehen im Spiegel. Das Spiegelbild, das ihm
da entgegenblickte, war ungepflegt, bleich und dickbauchig.

Er setzte den Kaffee auf und holte sich das Buch, um das Kapitel bei einer Tasse Kaffee noch einmal durchzulesen. Welchen Lebensbereich er wählen sollte, war ein Problem. Seine Arbeit war die Hölle, aber er hielt auch nicht viel von seinem Zuhause. Dann sah er nochmal sein Spiegelbild im Badezimmerspiegel vor sich und traf seine Entscheidung. Er hatte sich die ganzen letzten Jahre nicht richtig gesund gefühlt; oft hatte er sich sogar ziemlich mies gefühlt. John entschloß sich, sich zuerst um seine Gesundheit zu kümmern.

Was war der nächste Schritt? Er überlegte, ob er eine Diät machen sollte oder lieber Gymnastik, Jogging oder Gewichtheben. Früher war er einmal fit gewesen und hatte während seiner Militärzeit sogar Fußball gespielt. Was war seither mit ihm passiert? An diesem Punkt entschloß er sich, sich vom Arzt einmal richtig durchchecken zu lassen. Es war aber Samstag, das hieß, daß er noch warten müßte, um einen Termin auszumachen. »Irgendwann nächste Woche, wenn ich ein bißchen Zeit habe«, nahm er sich vor. Aber in dem Buch stand: »Gehen Sie diszipliniert mit Ihrer Zeit um.« Also entschloß er sich, am Montag morgen vom Büro aus anzurufen. Irgendwie fühlte er sich dadurch jedoch enttäuscht, denn er wollte jetzt auf der Stelle etwas tun.

An diesem Punkt wurde seine Meditation durch das Auftauchen seiner Frau unterbrochen, die wissen wollte, warum er nicht schlafen konnte. John erwiderte, er fühle sich ein bißchen schlapp und habe sich überlegt, sich irgendwann nächste Woche einmal gründlich untersuchen zu lassen. Zu seiner Überraschung war seine Frau ganz dafür und gestand ihm, daß sie sich ganz ähnlich fühle. Beim Frühstück unterhielten sie sich über die erste Zeit ihrer Ehe. Sie hatten seit Jahren nicht mehr so viel miteinander geredet. Das Wochenende verging ziemlich normal bis auf ein paar kurze Momente, in denen John von einem Gefühl der Aufregung gepackt wurde, das jedoch sofort wieder nachließ, sobald er sich überlegte, was es wohl bedeuten könnte.

Der Montagmorgen kam wie immer, doch er war früher auf als sonst. Am Sonntag hatte er ein Tagebuch gefunden, das er zu Weihnachten geschenkt bekommen hatte. Das wollte er benutzen, um sein Projekt aufzuzeichnen. Er nahm es mit zur Arbeit und unter der fetten Überschrift *Projekt Apollo* notierte er seinen Arzttermin.

Schließlich war es dann so weit, aber der Arztbesuch selbst war eher eine Enttäuschung. Er hatte im Prinzip keine größeren Beschwerden, die nicht durch eine vernünftige Ernährung und regelmäßige körperliche Bewegung behoben werden konnten. Er müßte etwas abnehmen. Als er nach Hause kam, besprach er das Ganze mit seiner Frau. Es stellte sich heraus, daß seine Frau während ihrer Ausbildung auch einen Kurs in Ernährungslehre gemacht hatte, und sie diskutierten daraufhin ausgiebig über alle möglichen Diäten. Nach dem Abendessen redeten sie weiter, und John überlegte sich, welche Art von Sport oder sonstige körperliche Betätigung für ihn wohl geeignet sein könnte. Er erinnerte sich an ein Buch, das er einmal gelesen hatte und schlug Yoga vor. Zu seiner Überraschung wurde die Idee begeistert aufgenommen. Seine Frau hatte eine Fernsehserie darüber gesehen, »nicht das Atmen und dieses ganze andere komische Zeug, nur die Körperübungen«. Er beschloß, sich in einen Kurs im nahegelegenen Sportzentrum einzuschreiben. Doch inzwischen war er sich schon über seinen Hang, die Dinge schleifen zu lassen, bewußt geworden, deshalb machte er sich eine Notiz in seinem Projekttagebuch, daß er sich morgen nach der Arbeit einschreiben wollte.

Der nächste Tag stellte sich als äußerst anstrengend heraus. John war völlig fertig und verspürte eine Weile die starke Versuchung, die Dinge einfach ihren Lauf nehmen zu lassen. Doch allein der Gedanke an den Eintrag in seinem Tagebuch, ganz zu schweigen von den Fragen seiner Frau, ließen ihn schließlich einsehen, daß er sich aufraffen mußte. Er fuhr erschöpft zu dem Sportzentrum. Als er endlich dort ankam, kamen ihm Projekt Apollo, Spezialdiät und Yoga nur noch lächerlich vor. Er wollte nur noch in den Sessel fallen und fernsehen. Aber nun war er schon mal da und konnte genausogut auch etwas tun. Das Glück war ihm hold. Es gab noch einen freien Platz in dem Kurs, der am Freitag beginnen sollte. Plötzlich fiel die Müdigkeit und Depression von ihm ab, und er hatte das Gefühl, daß sich jetzt endlich etwas tat und daß sich tief in ihm drinnen etwas regte, das heraus wollte.

Die Woche verging langsam. Ein Mittagessen mit Salat und ein ausgewogenes Abendessen wurden zur Regel. Inzwischen wartete John ungeduldig darauf, endlich in Aktion zu treten. Seine normale Routine war ungebrochen, und nichts schien mehr zu stimmen. Er fing an, mit offenen Augen zu träumen. Manchmal stellte er sich in seiner Phantasie Szenen mit seinen Kollegen im Büro vor. Ab und zu kam es in diesen Szenen zu Gewalt. Oft brütete er über die Vergangenheit nach und überlegte sich, was er alles daraus hätte machen können. Er erledigte seine Arbeit trotzdem recht gut. Die rastlose Energie, die er nun in sich spürte, ließ ihn sein Arbeitspensum an langweiligen Aufgaben in der Hälfte der Zeit erledigen; damit blieb ihm mehr Zeit zum Grübeln. Er war daran gewöhnt, daß seine Kollegen ihn als Zielscheibe für ihre Witze benutzten, doch jetzt reagierte er wütend darauf. Die Aufregung, die ihn nach seiner ersten Entdeckung gepackt hatte, war von ihm gewichen. Jetzt war er nur noch wütend und gereizt.

Endlich kam der Freitag. John fühlte sich, als habe er eine Schlacht hinter sich; seine Kollegen hatten die Auswirkungen auch zu spüren bekommen; John hatte sich von einer neuen Seite gezeigt. Wieder kämpfte er sich zum Sportzentrum hin. Der Verkehr war schlimmer als sonst. Er kam zu spät, und die Gruppe war bereits versammelt.

Er kam sich lächerlich, fett und alt vor und hörte der Einführung nur widerspenstig zu. Als es dann daran ging, die ersten Übungen zu machen, stand ihm das dicke Ende erst noch bevor. Ein seltsames Kleidungsstück wurde gezeigt, das er während des Kurses und bei den Übungen zu Hause tragen sollte. Er fühlte sich mieser denn je; anderthalb Stunden vertan – und wofür? Sein Magen protestierte, er hatte Kopfweh, war müde und sah lächerlich aus. Aber jetzt einfach abzuhauen, würde ihn vor den Augen der anderen noch lächerlicher machen.

Sie saßen auf Matten und versuchten, die scheinbar mühelosen Stellungen des Lehrers nachzumachen. Doch bald merkte John, daß er nicht der einzige war, der Schwierigkeiten hatte. Andere sahen noch schlimmer aus als er, ging es ihm durch den Kopf, und manche waren nicht einmal zu den einfachsten Übungen in der Lage. Er strengte sich doppelt an und wurde durch ein lobendes Wort des Lehrers belohnt.

Plötzlich fühlte er sich gut. Sein Magen protestierte zwar immer noch, und sein Kopf schmerzte auch noch, er war müder denn je, und jetzt tat ihm auch noch alles andere weh! Aber es machte ihm nichts mehr aus, ob er lächerlich wirkte oder nicht, und er fühlte sich gut.

Die Stunde ging zu Ende, und John hievte seinen schmerzenden Körper ins Auto und fuhr heim. Auf dem Weg überlegte er, wieviel er seiner Frau von dem Ganzen erzählen sollte. Er hütete sein neuentdecktes Interesse mit Argwohn und wollte nur ungern andere wissen lassen, wie gut er sich fühlte. Aber zu seiner Überraschung war seine Frau ganz mitfühlend und hatte viele Fragen und konstruktive Ideen.

Als er seine ächzenden Glieder ins heiße Badewasser gleiten ließ, überkam ihn plötzlich das Bedürfnis, mit jemand zu reden und seine Gefühle über die Hölle der letzten Woche und die Erfahrungen des heutigen Abends mit einem anderen Menschen zu teilen. Sie redeten beim Abendessen und anschließend bis tief in die Nacht hinein. Er hatte das Gefühl, er kenne seine Frau besser denn je und bekam einen Wutanfall, wenn er an all die vergeudeten Jahre dachte.

Die Monate vergingen. Er hielt das Yoga durch und genoß es am Ende sogar. Die Diät fiel ihm schwerer, aber er hielt sich daran. Er fühlte sich besser, sah besser aus und kleidete sich besser. Aber sein Gefühlsleben war in Aufruhr. Plötzliche Anfälle von Wut, Ungeduld, Eifersucht, Groll und eine seltsame Sehnsucht rüttelten anscheinend unvermittelt an seinem Bewußtsein. Er, dessen Leben ein Musterbeispiel von normalen, wohlgeordneten Gedanken und Gefühlen gewesen war, fühlte sich nun wie mitten in einer Schlacht. Aber endlich war er lebendig, und inmitten all der Verwirrung wußte er es.

Im Laufe der Zeit wurde es immer offensichtlicher, daß seine Hauptprobleme sich um seine Frau und seine Gefühle für sie drehten. Mit dem Verschwinden seiner körperlichen

Probleme begann gleichzeitg sein Gefühlsleben zu erwachen und lauthals Gerechtigkeit einzufordern. Langsam merkte er, daß er sich in eine wohlgeordnete Unverbindlichkeit zurückgezogen hatte, um den Problemen aus dem Weg zu gehen, denen er sich nicht stellen konnte. Eines Morgens ging ihm bei seinen Yoga-Übungen auf, daß sich alle seine Probleme und Bedürfnisse nur um eine Sache drehten – nämlich seine Beziehung. So ist aus John, dem lustlosen, trägen Mann mit einem Gesundheitsproblem ein gesunder und aktiver Mann mit aufgewühlten Gefühlen geworden, ein Mann mit einem emotionalen Problem.

Er erreichte den inneren Pfad über eine weltliche Tür, ein Gesundheitsproblem. Am Anfang war da Eintönigkeit, der Weg war blockiert durch Langeweile, Trägheit, Verlegenheit, Erschöpfung und Widerstreben. Doch er führte ihn zu einer Reihe von Erkenntnissen, die wie eine kleine Wiedergeburt waren; und eine Wiedergeburt bedeutet immer zugleich eine Neuorientierung. Das Streben nach Gesundheit führte ihn zu einer Konfrontation mit einem bisher unerkannten Problem. Dieses Problem ist wahrscheinlich ein Hauptaspekt von Johns Karma: und ist es nicht selbst der Kernpunkt, so führt es doch unweigerlich auf etwas hin, das von fundamentaler Bedeutung *ist*. Über die Nebenpfade, die zum zentralen Fehler hinführen, wird er zu einem neuen Menschen.

Die Zutaten zum Erfolg sind Ideen, Entscheidungskraft, Taten und Ausdauer, und alles innerhalb eines klar vorgegebenen Zeitrahmens. Etwas darüber zu lesen, ist nur der Anfang. Probieren Sie es aus, und probieren Sie immer weiter, dann werden Sie nie mehr derselbe Mensch sein.

Wir haben uns den Fall von John Smith so ausführlich angesehen, um ein Beispiel zu geben, wie karmische Probleme angegangen werden können. John Smith war ein ganz normaler Mann in ganz normalen Lebensumständen. Es fand kein okkultes Feuerwerk statt, sondern nur eine Intensivierung seines Lebens. Richtig praktizierter Okkultismus bewirkt nur das – er beschleunigt die Evolution. Aber erinnern wir uns, daß Johns Kämpfe und der letztendliche Fortschritt auf fundamentalen okkulten Hypothesen, Karma, Schicksal und dem Gesetz der Beschränkung basierten. Auf unser zweites Beispiel brauchen wir nicht mehr ganz so ausführlich eingehen.

Beispiel 2: Belinda Jones

Belinda hat eine schlanke Figur, ist gut gekleidet, attraktiv und sich ihres Äußeren sehr bewußt. Sie wurde vor kurzem geschieden und lebt nun in einem kleinen Appartement, das sie in perfekter Ordnung hält. Wie auch John fing sie an, sich für okkulte Themen zu interessieren. In ihrem Falle war der Anlaß das Trauma ihrer Scheidung. Auch sie las dieses Buch und entschloß sich daraufhin, daß irgend etwas getan werden mußte, denn das bisherige Leben hielt sie einfach nicht mehr aus.

Belinda hatte auch vor ihrer Ehe eine Reihe von Beziehungen, die jedoch alle irgendwie unbefriedigend gewesen waren und deren Ende immer schmerzhaft für sie war. Die Ehe erschien ihr damals als einziger Ausweg. Die Stabilität und Sicherheit würden sicher die Lösung für ihr Problem darstellen. Doch trotz ihrer größten Anstrengungen und der ihres Ehemanns, der nett, tolerant und großzügig war, scheiterte die Ehe, und bei Belinda blieb ein tiefes und schmerzhaftes Gefühl von Verlust und Versagen zurück. Wenn wir uns noch einmal Tabelle 5 vornehmen, sehen wir, daß die Rubrik *Ehe/körperliche Beziehungen* für sie offensichtlich die geeignete Überschrift war, aber welche der Unterüberschriften paßte auf sie? Keiner dieser Bereiche war in ihrer letzten Ehe wirklich zufriedenstellend gewesen; und das lag nicht daran, daß sie es nicht oft genug versucht hätten. Nach längeren Überlegungen kam sie zu dem Schluß, daß es sich in all ihren Beziehungen immer wieder um dieselben Probleme gehandelt hatte.

An dieser Stelle übermannte sie der Schmerz über ihre Scheidung, und sie weinte eine Weile völlig verzweifelt vor sich hin. Dem folgte ein Gefühl der Abscheu vor der ganzen Idee, ihre Vergangenheit analysieren zu wollen. Schließlich waren Scheidungen heute etwas ganz Alltägliches. Es gab überhaupt keinen Grund, weshalb sie ihre Vergangenheit wieder aufrühren sollte; allein ging es ihr sowieso besser. Doch ihr Verstand weigerte sich, sie in Ruhe zu lassen. Sie erinnerte sich an den ausdrücklichen Befehl zu handeln, anstatt immer nur herumzuüberlegen, und die Notwendigkeit, einen zeitlichen Rahmen zu setzen. Schließlich beschloß sie, jeden Tag eine halbe Stunde damit zuzubringen, sich über eine der Unterüberschriften in der Liste Gedanken zu machen, die bei Stabilität anfängt und bei gegenseitiger Hilfe aufhört.

In der Praxis stellte sich die Arbeit als nicht so einfach heraus; mehrere Male gab sie, überwältigt von Gefühlen der Hilflosigkeit, fast auf. Aber sie empfand auch Befriedigung, wenn Aspekte ihrer Beziehungen, die sie vorher nicht sehen wollte, gedanklich faßbar wurden. Die Vergangenheit konnte sie nicht mehr ändern, aber wenigstens konnte sie sich ihr stellen und sie vielleicht sogar verstehen. Ab und zu gab es inmitten des Schmerzes und der Verwirrung ihrer Suche Momente der Aufregung und der Erkenntnis, wenn ein ständig wiederkehrendes Verhaltensmuster oder Denkschema plötzlich klar wurde. Insgesamt war es jedoch eine eher traumatische Erfahrung.

Als das Ganze vorbei war, kam sie zu einem Schluß, der für sie selbst überraschend war. Von all den Überschriften in der Liste lösten zwei – nämlich Stabilität und finanzielle Mittel – die stärkste Reaktion bei ihr aus. Sie beschloß daraufhin, sich in ihren halbstündigen Sessions ausschließlich auf diese beiden Themen zu konzentrieren.

Die Stabilität bereitete ihr große Schwierigkeiten. Sie hatte ein Bedürfnis nach Sicherheit, Vorhersehbarkeit und Stabilität der Dinge, gewiß, aber wer hatte das nicht? Die tieferen Zusammenhänge waren ihr lange nicht klar, bis sie dann schließlich merkte, daß in ihrer Vorstellung Stabilität und finanzielle Mittel ein und dasselbe waren. Ihrem Gefühl nach brauchte sie Besitz und Geld, um ihre Stabilität garantieren zu können, und ohne diese drohte die Gefahr, daß ihre Welt irgendwie auseinanderbrechen könnte. Sie schien das Gewicht von Besitztümern zu brauchen, um ihre psychische Ganzheit zu bewahren; ohne diese empfand sie sich als ein Nichts. Das Nachdenken über diesen neuen Aspekt rief Erinnerungen an ihre Ehe sowie ihre früheren Beziehungen und die damit verbundenen Ängste und Sorgen in ihr wach. Nicht gerade eine angenehme Erfahrung, doch sie verhalf ihr zu neuen Einsichten und Erkenntnissen, die sie nie zuvor gehabt hatte.

Sie wurde sich ihrer ständigen Sorge um die Sicherheit des Arbeitsplatzes und die Aufstiegschancen ihres Mannes bewußt, ihrer übervorsichtigen Haushaltsführung, ihrer ablehnenden Haltung gegenüber neuen Erfahrungen, ihrer klammernden, selbstsüchtigen Liebe und der klaustrophobischen Art, wie sie gelebt hatten, und merkte, daß sich dadurch sogar ihr gelassener Mann irgendwann einmal wie ein Gefangener vorkommen mußte. Das öffnete ihr die Augen. Sie hatte ihre Aufmerksamkeit auf ein Beziehungsproblem gerichtet, aber gelandet war sie in einem ganz anderen Bereich.

Belinda hatte immer noch Probleme. Manchmal schien sie sogar mehr Probleme als vorher zu haben; aber sie hatte an Verständnis dazugewonnen. Sie war jetzt in Bewegung, und der Prozeß würde nicht einfach abbrechen. Und wie John war sie endlich wieder lebendig.

Die okkulte oder magische Komponente bei diesen relativ normalen Vorgehensweisen ist die *freiwillige Absicht*. Die Formel lautet freiwillige Absicht gefolgt von Taten in einem klar begrenzten Zeitrahmen. Sollten Sie sich entschließen, eine ähnliche Aufgabe in Ihrem eigenen Leben anzugehen, dann denken Sie immer daran, Ihren Humor zu bewahren. Seien Sie nett zu sich selbst. Sie sind eine ganz wichtige Person mit einem einzigartigen Schicksal, das sich erst noch erfüllen muß.

Schicksal

Das Schicksal stellt Ihnen Fähigkeiten und Begabungen zur Verfügung, die es Ihnen ermöglichen, sich zu entfalten und Ihren Selbstausdruck zu steigern. Das Karma schränkt Sie ein, macht Sie zu jemand, der Sie *nicht* sind, und tut alles dafür, daß Sie so bleiben.

Die Schicksale von Menschen sind zwar individuell verschieden, lassen sich aber in relativ klare Kategorien einteilen. In dieser Hinsicht sind sie wie Gesichter. Das Gesicht jedes

Menschen ist einzigartig, aber es kann ganz allgemein als rund, oval, dreieckig und so weiter eingestuft werden. Das individuelle Schicksal kann nach verschiedenen Typen von Begabung und Fähigkeiten unterschieden werden.

Sie können zum Beispiel ein naturwissenschaftlicher Typ sein. Das heißt jedoch nicht, daß Sie in jedes Leben mit einem Wissensschatz an Chemie oder Physik hineingeboren werden. Es bedeutet einfach, daß sie eine natürliche Begabung für logisches Denken, Erkennen von Systemen, Beobachten und Ziehen von Schlußfolgerungen haben. Ein Künstlertyp besäße hingegen die Fähigkeit, Naturgewalten, menschliche Gefühle und Sehnsüchte mit dem einen oder anderen Ausdrucksmittel darzustellen – sei es nun Farbe, Ton, Musik, Theater oder ähnliches. Eine frühzeitige Fehlorientierung kann die ursprüngliche spirituelle Neigung so verzerren und untergraben, daß Sie glauben etwas zu sein, was Sie gar nicht sind, und dementsprechend handeln. Ein Künstlertyp kann sich dazu zwingen, sich wie ein Wissenschaftlertyp zu verhalten, oder der Wissenschaftler kann versuchen, in die Rolle eines Verwalters zu schlüpfen. In all diesen Fällen wird das Schicksal immer versuchen, einen Kanal zu finden, und manchmal kann das zu bizarren Ergebnissen führen. Wenn Sie tatsächlich in dem vom Schicksal für Sie vorgesehenen Verhaltensprofil arbeiten, sind Sie ein potentielles Genie. Karma erzeugt Frustration und bestenfalls Mittelmäßigkeit.

Peter spielt Bassgitarre in einer Band. Tüchtig, zuverlässig und seriös ist er sicherlich, aber genauso sicher ist, daß er kein Spitzenmusiker ist. Allerdings organisiert er die Termine der Band und andere geschäftliche Angelegenheiten bestens. Aus der unbekannten Gruppe, der er beitrat und die nahezu pleite war, hat er durch seine Anstrengungen eine sichere, gut bestückte und finanziell gut dastehende Band gemacht. Alle sind sich darin einig, daß er ein absolutes Organisationsgenie ist. Und das stimmt auch, denn er ist ein geborener Verwalter. Leider hat ihn sein Karma nur zu einem mittelmäßigen Musiker gemacht.

John beschäftigt sich mit Elektrotechnik, genauer gesagt mit der künstlichen Erzeugung von Tönen und Musik. Aber er spielt einen Synthesizer weitaus besser, als er ihn konstruieren kann. Hier haben wir es also mit einem karmischen Wissenschaftler zu tun, der seinem Schicksal nach Künstler ist.

Dieses Buch handelt von den praktischen Aspekten der Kabbala. Es wurde für die Menschen geschrieben, die etwas *tun* wollen, anstatt nur immer darüber zu reden. Deshalb ist es verständlich, wenn sich manche Leser fragen, warum wir hier so viel Wert auf das Karma und die damit einhergehenden Leiden und Probleme legen. Beim Okkultismus geht es um die ganze Person, nicht nur um den Verstand. Wenn Sie also hoffen, die Kabbala nutzen zu können, um Ihren Horizont zu erweitern und Ihre inneren Welten zu erforschen, sollten Sie sich darüber im klaren sein, daß Sie, zumindest am Anfang, sich selbst erfahren. Ihr Karma hat Sie zu dem gemacht, was Sie sind. Ihr Schicksal verkörpert das, was Sie sein sollten. Das Karma gehört der Vergangenheit an – das Schicksal der Zukunft. Wenn Sie mit dem kabbalistischen System zu arbeiten anfangen und ernsthaft damit umgehen, werden sich Veränderungen in den *windgepeitschten Weiten der Seele* ergeben. Die Veränderungen werden sich in Ihrem innersten Wesenskern abspielen.

Über dem Tor des Mysterientempels stehen die Worte: »Erkenne Dich selbst.« Eine eingehende Beschäftigung mit Karma und Schicksal ist unerläßlich für die Selbsterkenntnis, die uns den Zutritt zum Tempel erst ermöglicht.

Elftes Kapitel

Anatomie des Rituals

Ein Ritual ist ein lebendiges Symbol. Wie alle Symbole ist eine Zeremonie eine Form, die eine oder mehrere Wirklichkeiten darstellt, doch im Unterschied zu der Art von Symbolen, mit denen wir es bisher zu tun hatten, sind beim Ritual sowohl unsere physischen und ätherischen Ebenen als auch unsere Gefühls- und Mentalebene beteiligt. Es ist eine Ausdehnung der inneren Bereiche *nach außen* in die Materie.

Das Ziel jeder okkulten Betätigung sollte eigentlich eine *Veränderung auf der physischen Ebene* sein. Doch es gibt keinen Grund, weshalb sich diese Veränderung nur auf das Ergebnis der formalen esoterischen Arbeit beschränken müßte. Eine Einstellungsänderung sollte zum Beispiel eine Veränderung der Lebensweise auf der physischen Ebene zur Folge haben. Eine Idee – eine mentale Form also – wird zu einer materiellen Wirklichkeit, vielleicht einer neuen Erfindung. Natürlich ist ein System, das in der Lage ist, einen abstrakten Begriff oder eine feinstoffliche Kraft gleichzeitig mit einem Vehikel auf der mentalen, emotionalen, ätherischen und materiellen Ebene zu versehen, schon mittendrin in einer vollständigen Umsetzung der Veränderung hier auf Erden. Und ein richtig ausgeführtes Ritual kann genau das bewirken. Das ist das Erfolgsgeheimnis richtig vollzogener okkulter Rituale: eine Jakobsleiter reicht vom Himmel bis zur Erde, und wir können sie benutzen, um die verschlungenen Pfade unserer Umwege zu umgehen und Perfektion im Mikrokosmos zum Ausdruck zu bringen.

Es heißt, die geometrischen Symbole seien die Buchstaben im Alphabet der Mysterien und die komplexen Symbole die Worte – dann können also die personifizierten Symbole als ganze Sätze und die dynamischen Symbole als ganze Kapitel im großen *Buch des Lebens* betrachtet werden. Das lebendige Symbol der Zeremonie ist tatsächlich all dies und noch vieles mehr und offenbart – im Kleinen – das *Große Werk*.

Formen ritueller Arbeit

Es gibt drei Grundformen von Ritualen, in denen wir unsere verschiedenen Körper als Ganzes zum Einsatz bringen können, um unsere eigene Jakobsleiter zu errichten.

Kabbalistisches Ritual

Wie der Name schon sagt, handelt es sich dabei um eine Methode, die auf der monotheistischen Sichtweise der Kabbala beruht. Dazu erschaffen alle Teilnehmer, normalerweise mit Hilfe von einigen passenden Symbolen der materiellen Ebene, gemeinsam in ihrer geistigen Vorstellung einen geeigneten Tempel für eine Sephirah. Im allgemeinen wird das Ganze von leichten Körperbewegungen begleitet. Außerdem werden häufig die hebräischen Gottesnamen und andere passende *Kraftwörter* laut rezitiert. Die Worte, die während der Zeremonie gesprochen werden, lenken die visuelle Vorstellung und Stimmung der Anwesenden in eine bestimmte Richtung und lassen damit Form auf den inneren Ebenen entstehen. Die Führer des Rituals konzentrieren sich bei ihrer Meditation stark auf irgendeine der gewünschten Kräfte (oder Qualitäten) der Sephiroth und *injizieren* diese in die vorbereitete Form durch lautes Sprechen des hebräischen Namens der dazugehörigen Gottesgestalt oder des entsprechenden Erzengels oder Engels, der zur Konzentration der Kraft der Sephirah ausgewählt wurde. In fähigen Händen können damit außergewöhnliche Ergebnisse erzielt werden. Allerdings gehört dazu Erfahrung und eine hohes Maß an Können. Es ist also keine Methode für den Anfänger.

Ägyptisches Ritual

Dieses Ritual ist nach außen hin polytheistisch, weil man sich dabei der vielen Gottesformen der alten ägyptischen Mysterien bedient; richtig verstanden ist es jedoch monotheistisch, denn die innere Priesterschaft glaubt an die Vorstellung von dem *einen Gott in vielen Gestalten.* Ein gewisses Maß an Visualisierung in der Gruppe ist nötig, um einen Hintergrund zu schaffen, doch im Vordergrund stehen die Gottesgestalten und bestimmte formale Gesten, die den Gott, dessen Kraft angerufen wird, symbolhaft charakterisieren. Die jeweiligen Gottesformen werden in der Vorstellung erschaffen, als befänden sie sich an ganz bestimmten Stellen des Tempels, und auf dem Höhepunkt des Rituals nehmen einer oder mehrere der Ritualleiter *tatsächlich* die Gottesgestalt an. Dieses Ritual besteht also in der geistigen Verschmelzung der visualisierten Form des Gottes mit der materiellen Gestalt des Ritualleiters, der die Vorstellung zugrundeliegt, daß der Körper des Gottes den Körper des Ritualleiters umhüllt und durchdringt. Am wichtigsten ist, daß der Kopf des Gottes mit dem des Ritualführers verschmilzt. Wird dieser komplizierte Vorgang erfolgreich durchgeführt, so wird der Priester oder die Priesterin von der Kraft des Gottes erfüllt und sein oder ihr Mund *spricht mit der Stimme von Horus* oder wem auch immer. Auch dies ist wiederum keine Methode für den angehenden Magier!

Griechisches Ritual

Bei dieser dritten Methode spielen Musik, Verse und Bewegung eine wichtige Rolle, zum einen zur Darstellung und zum anderen zur Anrufung der gewünschten Kraft. Die Kraft wird durch stilisierte rituelle Bewegungen, häufig in Form eines Tanzes, dargestellt. Sinnträchtige Gedichte und Gesang regen die Phantasie an, und die Kraft des Gottes findet in dem Szenenspiel und der Bewegung der Choreographie ihren Ausdruck. Manche Rituale nach dieser Methode sind äußerst stilisiert und folgen genau festgelegten Regeln, doch sie eignet sich auch zum ungezwungenen, spontanen Ausdruck.

Diese drei Grundformen des Rituals entsprechen verschiedenen Bewußtseinsebenen: Die kabbalistische Methode entspricht dem abstrakten Verstand, die ägyptische dem konkreten Verstand und die griechische den Gefühlen. Natürlich hat auch die griechische Methode einen abstrakten Aspekt in dem einen Leben, aus dem alle Dinge hervorgehen; bei allen drei Ritualformen sind außerdem die physischen/ätherischen Ebenen in Form der Körper der Teilnehmer vorhanden. Und überhaupt funktioniert keine Methode, wenn die Gefühle nicht mitbeteiligt sind, denn das Gefühl ist *der Esel, der den Schrein trägt*. Was wirklich damit gemeint ist, wenn man sagt, daß eine spezielle Methode einem bestimmten Aspekt der Psyche entspricht, ist, daß eine bestimmte Ebene des Verstandes benutzt wird, um den Vorgang zu motivieren und zu kontrollieren; doch *alle* Ebenen sind aktiv, sonst könnte keine Jakobsleiter entstehen.

Subjektive und objektive Aspekte des Rituals

Jede Facette menschlichen Lebens hat einen subjektiven (persönlichen oder inneren) Aspekt und einen objektiven (oder äußeren) Aspekt. Dasselbe gilt auch für das Ritual. Jeder Teilnehmer an einer Zeremonie wird auf das reagieren, was vor sich geht. Wir werden Gefühle haben, Gedanken, Eindrücke und so weiter. Auch andere Anwesende werden Gefühle, Gedanken und Eindrücke haben. Diese müssen jedoch nicht bei jeder Person ganz genau gleich sein (und werden es wahrscheinlich auch nicht). Andererseits werden auch manche Vorstellungen und Gefühle von allen Anwesenden geteilt, was darauf schließen läßt, daß es sich um etwas handelt, das ganz unabhängig *außerhalb* der persönlichen Welt der Teilnehmer existiert. Genauso wie ein Augenzeuge bei einem Verkehrsunfall persönliche Reaktionen in bezug auf den Unfall hat, etwa Mitleid oder Reaktionen auf den Anblick von Blut. Doch der Arzt, der die Verletzten versorgt, wird wahrscheinlich ganz andere subjektive Reaktionen haben und ein Polizist nochmal ganz andere. Doch alle werden wahrscheinlich in bestimmten

Punkten übereinstimmen, zum Beispiel in der Tatsache, daß es ein Unfall war, daß ein Auto daran beteiligt war, ein Fahrer, ein verletzter Fußgänger, daß Blut zu sehen war et cetera. Das sind die objektiven Elemente, die der Polizist vielleicht die *Fakten* nennt.

Das Thema Objektivität spielt eine wichtige Rolle im praktischen Okkultismus und stiftet bei Anfängern häufig große Verwirrung. Es ist nicht ungewöhnlich, daß objektive Phänomene mit dem Etikett *wirklich* und alle inneren Erfahrungen mit dem Etikett *eingebildet* versehen werden. Das erleichtert weder die Sache, noch stimmt es, sondern läuft nur darauf hinaus, die persönliche Erfahrung abzuwerten. Wenn wir unter subjektiv das verstehen, was *in uns selbst* passiert, und unter objektiv, was *mit anderen* erlebt wird, dann bedeutet subjektiv ganz einfach persönlich und objektiv kollektiv. Beides hat seinen Wert. Ein Ritual, das von einer oder zwei Personen durchgeführt wird, kann sehr viel persönliche Erfahrung beinhalten, aber wenig objektive; trotzdem kann es äußerst wirkungsvoll sein.

Manche Rituale sind so angelegt, daß sie fast ausschließlich subjektive Reaktionen auslösen und objektive nahezu ausschließen. Ein Beispiel für diese Art von Ritualarbeit wäre eine Gruppenentwicklung oder Regeneration, bei der eine ganz besondere Kraft in der Zeremonie erzeugt wird, auf die Teilnehmer nur aufgrund ihrer Fähigkeiten oder vergangener Erfahrungen reagieren können. Eine andere rituelle Methode legt vielleicht mehr Wert auf den objektiven Aspekt, der erzeugt wird, damit alle Anwesenden eine gemeinsame Erfahrung haben können.

Doch niemand lebt auf einer Insel. Es gibt einen fließenden Übergang zwischen dem Subjektiven und dem Objektiven, zwischen der Seele des einzelnen und der Gruppenseele. Manche Philosophen würden in ihrer Behauptung sogar soweit gehen, daß Objektivität nur eine Voraussetzung oder gemeinsame Übereinkunft über das ist, was als Tatsache oder Faktum anzusehen ist. Aber sei es, wie es wolle, der angehende Ritualist sollte sich darüber im klaren sein, daß jegliche rituelle Arbeit – zumindest am Anfang – ausschließlich subjektiv ist.

Magie wirkt auf die Seele, nicht direkt auf die Materie. Doch wenn das Anschlagen einer Saite in der Seele bei der Seele der Natur eine Reaktion bewirkt, dann wurde das Subjektive objektiviert, und das persönliche Leben erfährt einen Zustrom an Kraft und Ideen von seiten des größeren Lebens. Solche Momente vergißt man selten.

Symbolik und Ritual

Wir haben uns in fast allen Kapiteln auf irgendeine Weise mit Symbolen befaßt. Wie stark Ihr Bedürfnis auch sein mag, jetzt endlich anzufangen und das zu praktizieren, was Sie gelernt haben, so müssen Sie dabei die Theorie stets im Hinterkopf behalten. Aberglaube wurde definiert als das Befolgen von Regeln, ohne zu wissen, warum; im praktischen Okkultismus ist dies unverzeihlich und möglicherweise sogar gefährlich.

Wenn wir mit Hilfe der vier Welten der Kabbala etwas Ordnung in unsere Gedanken bringen wollen, dann müssen wir Jezirah als die *Heimat* der meisten Symbole und Glyphen ansehen, die wir behandelt haben. Jezirah ist die Welt der Gefühle und Empfindungen, einer älteren Phase also als dieser, ein Zustand, der herrschte, bevor die Regeln der Sprache die Spezialisierung des Bewußtseins hervorbrachten, die wir den konkreten Verstand nennen. Symbole sind dem inneren Kern näher als Sprache. Diese Jezirah-Welt ist in gewissem Sinne wie Aziluth, allerdings auf einer niedrigeren Ebene. Sowohl Jezirah als auch Aziluth sind dynamisch und frei beweglich, Aziluth im Hinblick auf die Kraft und Jezirah im Hinblick auf die Form. Ein archetypisches Symbol, dessen natürliche Ebene Jezirah ist, ist einfach ein Gebilde, das etwas von der grundlegenden Aktivität der Aziluth-Welt widerspiegelt. Wenn Sie dieses Prinzip verstanden haben, begreifen Sie vielleicht auch die Art und Weise, wie sympathetische Magie (zum Beispiel Besprechen, Gesundbeten und so weiter) funktioniert. Die Symbole, mit denen wir uns bisher befaßt haben, lassen sich in vier ziemlich klar umrissene Kategorien einteilen, und diese Kategorien entsprechen der Art der Kraft oder des Wesens, die darin versinnbildlicht werden. Der sogenannte dramatische oder zeremonielle Symboltyp ist der komplexeste von allen, denn er stellt eine Ausdehnung der dynamischen Symbole von Jezirah in die Assiah-Welt (die materielle Welt) hinein dar (siehe auch Tabelle 6).

Inzwischen sollte klar geworden sein, daß das letztendliche Ziel jeder ernsthaften okkulten Arbeit die *Verwirklichung* des wahren Planes ist – und zwar für Sie selbst, Ihre Gruppe, die Menschheit und unseren ganzen Planeten. Verwirklichen bedeutet *wirklich machen*. Und wirklich bedeutet *tatsächlich vorhanden, bestehend, echt, der Wirklichkeit, den Tatsachen entsprechend* (Wahrig). Die dramatischen Symbole, im allgemeinen *Ritual* oder *Zeremonie* genannt, stellen das letzte und entscheidende Verbindungsglied zwischen den inneren Welten und der materiellen Ebene dar. Im Ritual ist das Symbolmuster, das benutzt wird, um die inneren Kräfte zu channeln, *nicht nur scheinbar vorhanden* (als mentales Bild), sondern *tatsächlich vorhanden, den Tatsachen entsprechend*, wirklich und lebendig.

Tabelle 6: Symbolische Entsprechungen

Symboltyp	Klassifizierung	Beispiel	Kabbalistische Welt
Geometrisch	Abstrakte Kraft	Punkt, Gerade, Kreis	Aziluth
Komplex	Organisierte Kraft	Henkelkreuz, Kreuz	Beriah
Personifiziert	Intelligente Kraft	Erzengel, Isis-Osiris	
Dynamisch	Symbolkette	Pfadarbeit, magische Bilder	Jezirah
Dramatisch	Kraftmuster	Zeremonie, Ritual, Invokation/Evokation, Initiation	Assiah

Ein Ritual kann (und wird) häufig von einer einzelnen Person vollzogen. Auch zwei oder drei Personen können für viele Zwecke eine durchaus adäquate Ritualgruppe bilden, während für andere Rituale mindestens sechs oder mehr Teilnehmer nötig sind. In jedem Falle veranschaulichen die Teilnehmer, sei es nun einer oder mehrere, für die Dauer des Rituals – ein Symbol oder eine Symbolkette. Die Vorstellung oder Kraft, die dargestellt wird, wird dadurch geerdet.

Sie wissen nun, daß Sie diese Lehren im täglichen Leben anwenden wollen und ständig versuchen werden, Ihren Idealen und Erkenntnissen Ausdruck zu verleihen. Doch ein Ritual abzuhalten, in dem das Ideal der Wahrheit zum Ausdruck kommen soll, enthebt Sie keinesfalls der Notwendigkeit, dieses Ideal auch im wirklichen Leben vorzuleben. Wenn das rituelle Symbol, das zur Darstellung der Wahrheit gewählt wurde, gut war, und wenn die Zeremonie richtig abgehalten wurde, dann existierte für die Dauer des Rituals eine perfekte Form der *Wahrheit* in Malkuth. Wunderbar! Doch diese Tatsache enthebt uns nicht der Notwendigkeit, dieses Ideal im Leben und der Umwelt zu erden.

Der Tempel kann verglichen werden mit dem Labor eines Chemikers in einem Industriebetrieb. Das Produkt wird hier unter idealen Bedingungen hergestellt; aber bevor es als Gebrauchsgegenstand auf den Markt kommen kann, muß es erst aus dem Labor herausgeholt werden; sonst bleibt es unbekannt und unbrauchbar. Das Ritual ist ein äußerst wirkungsvolles Werkzeug. Es kann eingesetzt werden, wann immer die Notwendigkeit besteht, ein Ideal zum Ausdruck zu bringen oder Kontakt zu einer Kraft herzustellen, diese Kraft zu bündeln oder in eine bestimmte Richtung zu lenken. Die Durchführung von Ritualen unterstützt die Entwicklung des einzelnen und der Gruppe, die individuelle Regeneration und Heilung sowie die Heilung ganzer Nationen.

Rituale in der Praxis

Die rituelle *Ausrüstung* besteht aus den materiellen Symbolen, die Sie bei Ihren Zeremonien gebrauchen. Zum Praktizieren eines Rituals sollten Sie spezielle Ritualgegenstände benutzen, die dem System angehören, das Sie sich für Ihre rituelle Arbeit ausgesucht haben. Vermischen Sie die Systeme nicht; verwenden Sie also keine kabbalistischen Gottesnamen zusammen mit ägyptischen Bildern et cetera. Sie führen Ihre Rituale am besten an Orten aus, die speziell für diesen Zweck vorbehalten sind, obwohl dies nicht immer möglich ist. Wenn Zeremonien regelmäßig im selben Raum oder an derselben Stelle abgehalten werden, wird, wie die Erfahrung gezeigt hat, die Atmosphäre dieses Ortes *aufgeladen*. Durch den wiederholten Gebrauch werden die Symbole von einem Ätherfeld umgeben, einer Art feinstofflichem Gegenstück zum materiellen Symbol. Aus der Sicht der inneren Ebenen wird der gesamte Tempel zu einem Kraftmuster, das die zeremoniellen Gegenstände zu einer geometrischen Form zusammenfaßt. Wird eine Zeremonie in einer solchen Umgebung abgehalten, wird vieles von der schweren Arbeit der Vorbereitung der Atmosphäre unnötig, denn unter geschützten Bedingungen bilden sich Formen leicht und mit einer so stabilen Struktur, wie sie ohne ein richtiges Zentrum für Rituale nur selten erzielt werden kann.

Natürlich sprechen wir hier von Bedingungen, die nur wenige Einzelpersonen heutzutage vorfinden. Doch mit Improvisation, *klarer Absicht* und Gefühlstiefe kann auch sehr viel erreicht werden. Die hier beschriebenen Bedingungen sind für eine bestehende Ritualgruppe realistisch, für den Schüler, der für sich alleine arbeitet, hingegen Ideale. Sie können als Anhaltspunkt dienen.

Jeder Ort, der zur Abhaltung eines Rituals benutzt wird, wird zumindest für die Dauer des Ritus zu einem Tempel, auch wenn es sich um ein umgewandeltes Schlafzimmer handelt. Obwohl die folgenden Anmerkungen eigentlich für ständige Tempeleinrichtungen gelten, lassen sie sich in vielen

Fällen auch auf Räume anwenden, die nur zeitweilig für Zeremonien benutzt werden.

Im Idealfall sollte der Raum groß genug sein, daß alle nötigen Utensilien und alle Leute, die den Ritus vollziehen werden, bequem darin Platz haben. Gut ist eine quadratische Form. Traditionell wird der Tempel nach den Himmelsrichtungen – Nord, Ost, Süd und West ausgerichtet. Das heißt, jedes Viertel des Raumes wird seiner entsprechenden Himmelsrichtung zugeordnet. Eine Wand wird zur Ostwand, ihr gegenüber liegt die Westwand, und die anderen beiden Wände werden zur Nord- und Südwand. Es ist nicht unbedingt nötig, daß die Ausrichtung mit den tatsächlichen Himmelsrichtungen übereinstimmt: denn wird ein Viertel des Raumes als der Osten angesehen, so *ist* er aus der Sicht der inneren Welt auch der Osten, und die anderen Raumteile nehmen automatisch die entsprechende Bedeutung an. Trotzdem ist es am besten, den Raum, wenn immer möglich, nach den physischen Himmelsrichtungen auszurichten, denn bei manchen Ritualen, bei denen es um ätherische und Elementarkräfte geht, muß ein tatsächlicher Kraftfluß von Osten nach Westen stattfinden können.

Bei diesem System, das von vielen Gruppen verwendet wird, wird das östliche Viertel dem Element Luft zugeschrieben, der Westen dem Element Wasser, der Süden dem Element Feuer und der Norden dem Element Erde. Bei anderen Systemen ist die Aufteilung bisweilen anders. Die vier Viertel folgen im Uhrzeigersinn der Bewegung der Sonne und den vier Jahreszeiten. Die Sonne geht im Osten auf, steht im Süden am höchsten, geht im Westen unter und ist im Norden unsichtbar. Entsprechend wird mit dem Osten der Frühling und alles neue Wachstum verbunden, mit dem Süden Reife, mit dem Westen Zerfall und Tod und mit dem Norden der Zustand zwischen den Leben in der inneren Welt. Damit stellt dieser Aspekt der Tempelsymbolik ein prächtiges Bild des Fortschreitens der Sonne Gottes und der Seele der Menschheit dar.

Das Dach des Tempels ist für die meisten Leute heutzutage kein Kuppelgewölbe mehr, sondern die Decke des Zimmers, das sie für diesen Zweck benutzen. Es symbolisiert alle überirdischen Dinge, alles, was *höher* oder *weiter innen* liegt als die Ebene, auf der wir uns gegenwärtig befinden. Wollte man beispielsweise einen Jesod-Ritus abhalten, so würde die Decke die nächsthöhere Sephirah darstellen, aus der man vermutlich die innere Inspiration für den Ritus erhielt.

Der Boden wird oft als die Ebene angesehen, die unterhalb der Ebene liegt, auf der sich die Konzentration der Zeremonie abspielt. Im Beispiel des Jesod-Rituals würde der Boden also Malkuth verkörpern. In der Regel ist es immer eine gute Idee, den Boden in jedem Falle als Symbol für die materielle Welt anzusehen. Einer der häufigsten Fehler bei der rituellen Arbeit besteht in der mangelnden Wahrnehmung der Kräfte, die in der Erde herbeigerufen wurden.

Ein Tempel kann zur Durchführung der verschiedensten Rituale und Zeremonien benutzt werden, deshalb sollte man keine Farben darin verwenden, die ihn auf bestimmte Zwecke festlegen würden. In der Praxis wählt man deshalb für den Fußboden am besten einen Teppich in einem dunkleren Farbton, wie etwa Schwarz, Braun oder ein dunkles Grün; er sollte auf jeden Fall nicht auffällig sein. Auch die Decke sollte die Aufmerksamkeit nicht auf sich ziehen und wird deshalb häufig Dunkelblau oder Indigo gestrichen. Dadurch entsteht in einem nur schwach beleuchteten Raum der Eindruck, als würde sie unendlich weit nach oben reichen. Die Wände streicht man am besten in einer neutralen Farbe. Eine gewisse Menge an reflektiertem Licht ist ganz nützlich, zu viel kann allerdings störend wirken. Manchmal wird zum Beispiel Mittelgrau gewählt, um das Problem der Vorliebe für bestimmte Farben zu umgehen.

Jeder der Ritualteilnehmer braucht etwas zum Sitzen, und es ist allgemein üblich, daß die Leiter der Zeremonie je nach ihrer Rolle in dem Ritus spezielle Stühle zugewiesen bekommen. Diese Stühle werden oft als *Throne* bezeichnet und sehen anders aus als die Stühle, die von den übrigen Teilnehmern benutzt werden. Bei vielen Ritualen sollte in jedem der vier Viertel ein Ritualleiter plaziert sein, und jeder Thron wird dann genau in der Mitte der entsprechenden Wand aufgestellt. Ein Thron hat in Zeremonien große Bedeutung und stellt die

Funktion des Ritualleiters dar, auch wenn dieser gerade nicht darauf sitzt. Außerhalb des Tempels ist der Ritualleiter eine ganz normale Person, die als Person redet, doch wenn er seinen Platz im Tempel einnimmt, spricht der Ritualleiter *ex cathedra* (vom Thron aus) mit der Macht und Autorität seines Amtes. Eine Vielzahl von Ritualen werden im Osten begonnen, deshalb steht dort auch der Thron des obersten Ritualführers. Dieser Sitz hat eine ganz besondere Bedeutung. Er ist der Thron des Hierophanten (des Hohepriesters) und stellt bei Inititationsriten häufig die Macht hinter dem Schleier dar, die Ordnung der inneren Ebenen, von der aus die Priestergruppe der materiellen Ebene ihre Kontakte und ihren Auftrag zur Initiation erhält.

Das Symbol im Mittelpunkt jedes Tempels ist der Altar. Bei den orthodoxen Christen steht er im Osten; in den Mysterientempeln befindet er sich meist in der Mitte des Tempels. Er kann daher als das Kraftzentrum aller vier Himmelsrichtungen visualisiert werden oder als die Radnabe im vierspeichigen Rad der Kraft. Alle Altäre sind Opferstätten. In früherer Zeit wurden dort Blut- und Brandopfer dargebracht; heutzutage spielt sich die Darbringung des Opfers auf feinstofflicheren Ebenen ab, ist jedoch, wie der Neuling bald merken wird, keinesfalls weniger real. Zuerst opfern Sie Ihre Abweichungen vom Pfade für die Umwandlung in das Gold des Geistes; später geben Sie sich selbst hin für die Zwecke des großen Werkes. Was seine Ausmaße betrifft, so hat der Altar in der westlichen Tradition im allgemeinen die Form eines doppelten Würfels und ist *so hoch wie der Nabel eines 1,80 m großen Mannes*. Um die Neugierde der Eingeweihten hinsichtlich physischer Attribute zu befriedigen, kann man sagen, daß der Altar in der Regel etwa 90 cm hoch und 45 cm breit ist. Häufig ist er als Schrank konzipiert, damit nach Abschluß der Zeremonie die speziellen rituellen Symbole darin aufbewahrt werden können. Der Altar kann mit einem Tuch abgedeckt sein, dessen Farbe oder Form für die Zeremonie von Bedeutung ist. Auf dem Altar können sich eine Rituallampe und verschiedene andere Symbole befinden.

In den Kapiteln über die Kabbala wurde darauf hingewiesen, daß der Baum des Lebens in drei Säulen unterteilt werden kann, wobei die beiden äußeren Säulen die universalen Prinzipien der Polarität verkörpern und die mittlere Säule das Bewußtsein. In den Logen der westlichen Mysterientradition wird die Säulensymbolik häufig verwendet. Dargestellt in den Komplementärfarben Schwarz/Weiß oder Grün/Gold versinnbildlichen sie sowohl die psychologischen als auch die kosmischen Prinzipien. Wo sie im Tempel stehen, hängt davon ab, was für die jeweiligen Rituale erforderlich ist. Im allgemeinen sind sie zwischen 1,80 m und 2,10 m hoch, haben eine röhrenförmige Struktur und ruhen auf einem schweren viereckigen Sockel.

Die Zeremonien werden normalerweise bei künstlichem Licht abgehalten, da dieses besser dosiert werden kann als Tageslicht. Außerdem können die zarten ätherischen Formen, die während des Rituals insbesondere um die Hauptsymbole aufgebaut werden, durch übermäßiges Licht leicht aufgelöst werden. Tatsächlich ist die einfachste Methode, verfälschte oder aus einem anderen Grunde unerwünschte ätherische Substanz aufzulösen, sie grellem Licht auszusetzen, möglichst Sonnenlicht oder ansonsten dem ultravioletten Licht einer Lampe. Nichtsdestoweniger braucht man trotz der nötigen Beschränkungen für die meisten Zeremonien etwas Licht. Man muß genug sehen können, um sich umherzubewegen und vielleicht etwas zu lesen. Im allgemeinen werden zur Beleuchtung des Tempels Kerzen gewählt, da sie ein weiches, sanftes Licht verbreiten und eine echte Flamme besitzen. Die Flamme ist in symbolischer Hinsicht aus verschiedenen Gründen bedeutungsvoll, hat aber auch noch einen anderen Beitrag zu leisten. Die Umwandlung von Gasen in Licht und Hitze scheint ein Maß an ätherischer Substanz freizusetzen, das zur Bereitstellung von Rohmaterial für die Formen auf dieser Daseinsebene beiträgt.

Wie alles andere im Tempel, so hat auch die Zahl der Lichter eine Bedeutung. Bei einem Ritual, bei dem es um die vier Elemente geht, kann es beispielsweise vier Ritualleiter geben, die sich hingebungsvoll der Aufgabe widmen, die Kraft jeweils eines Elementes in die Zeremonie einfließen zu lassen. Jeder von ihnen kann eine Kerze bei seinem Thron stehen haben. Und eine fünfte Kerze, wahrscheinlich auf dem Altar, könnte zur Symbolisierung des Geistes dienen – des einen Lebens, in dem alle Elemente ihren Ursprung nehmen. Manchmal werden auch bunte Glasabdeckungen für die Kerzen benutzt, deren Farben wiederum eine Bedeutung haben. Bestimmte Arten von Riten können auch bei schwachem Licht abgehalten werden, das von dem winzigen Punkt einer Flamme ausgeht, die auf geweihtem Öl in einer Hängelampe schwimmt. Was man sich auf jeden Fall merken sollte, ist, daß Lichter in einer Zeremonie eine ganz präzise Funktion haben und nicht als Schmuck oder rein funktionales Beiwerk angesehen werden sollten.

Ein Großteil des westlichen Okkultismus basiert auf der Vierer-Unterteilung seiner Grundsymbole. Wir haben bereits auf die vier Elemente und die vier Viertel des Tempels hingewiesen. Es ist jedoch außerdem wichtig, sich darüber im klaren zu sein, daß die vier Prinzipien sich nicht nur auf die Elemente auf ihrer natürlichen Ebene beziehen, sondern auch auf alle Sphären der Manifestation. Die beste Methode, sich das bewußtzumachen, besteht darin, sich das Ganze anhand der vier kabbalistischen Welten vorzustellen, die auf jeder Ebene vier Seinszustände verkörpern können. Entsprechend sind die vier Elemente in Malkuth schwache Spiegelbilder der vier heiligen Kreaturen in Kether. Die auf den vier Elementen basierende Symbolik ist in der westlichen Ritualpraxis so weit verbreitet, daß sie als etwas Umfassenderes angesehen werden muß, als sie anfänglich erscheint.

Ziemlich häufig erscheinen die Symbole der vier Elemente an den entsprechenden Wänden des Tempels. Im Osten erkennt man ein nach oben zeigendes Dreieck, das von einem waagrechten Strich geteilt wird, als Sinnbild für das Element Luft. Im Süden sehen wir ein einfaches nach oben weisendes Dreieck als Symbol für das Feuer. Auf der westlichen Wand ist ein nach unten weisendes Dreieck abgebildet, das Wasser symbolisiert, während im Norden ein durchgestrichenes nach unten weisendes Dreieck das Element Erde verkörpert. Manchmal sind sie ihrer Bedeutung entsprechend auch in den Farben Gelb, Rot, Blau und Schwarz dargestellt.

Zu jedem Element gehört auch ein ganz spezieller symbolischer Gegenstand, und diese Gegenstände befinden sich manchmal auf dem Altar. Je nach Tradition gibt es unterschiedliche Entsprechungen, doch Luft wird im allgemeinen durch ein Schwert symbolisiert, Wasser durch einen Kelch, Feuer durch einen Stab und Erde durch eine Scheibe. Verschiedene Anordnungen sind möglich.

Damit wäre unsere kurze Beschreibung der rituellen Grundausrüstung komplett. Man könnte dieser Liste noch vieles hinzufügen, doch das macht wenig Sinn, denn alles hängt von der Ebene und der Art der Zeremonie ab, die man abhalten möchte.

Zu guter Letzt sollten wir uns immer eines ins Gedächtnis rufen – nämlich Einfachheit. Verwenden Sie lieber weniger Symbole als zuviel.

Zeremonielle Kleidung

Roben, Talare, Gewänder und andere zeremonielle Kleidung zählen nicht zur rituellen *Ausrüstung*, spielen jedoch in der Zeremonie eine wichtige Rolle und verdienen deshalb besondere Beachtung. Der Leiter einer Zeremonie und andere Teilnehmer an der zeremoniellen Abwicklung tragen häufig spezielle Gewänder. Dies hat im Prinzip drei Gründe. Zum einen kann eine Robe durch ihre Farbe und die auf ihr abgebildeten Symbole die Kraft des Ritualleiters verkörpern, der sie trägt. Zum anderen bieten rituelle Gewänder eine Art Anonymität – die Person, die sie trägt, kann reich oder arm, Arzt oder Müllmann sein – doch sie verschwindet hinter der Kleidung, und es erscheint jemand, der alles vollbringen oder sein könnte. Es ist, als tausche man die Alltagsmaske gegen eine andere Maske aus, einen insgesamt größeren Ausdruck des Selbst, das dem Wesen erlaubt, sich auszudehnen und intensiver zu leben, als dies in der alltäglichen Uniform möglich ist. Und darüber hinaus dient die Kleidung häufig dazu, um anzuzeigen, welches Amt (etwa das des Hohepriesters), welchen Grad oder Status der Träger innerhalb der Gruppenstruktur innehat. In einer gut konstituierten Gruppe wird der Grad nicht benutzt, um sich eines imaginären Wertes zu rühmen oder andere zu beeindrucken, sondern als äußeres Zeichen der Fortdauer der Mysterienstruktur und als Anreiz zur weiteren Verfolgung des eingeschlagenen Weges. Die Gewänder können selbstgemacht sein und von ganz einfachen Formen bis zu kunstvoll gestalteten Kostümen aus Samt und Seide mit reichen symbolischen Verzierungen reichen.

Zu den Gewändern wird manchmal auch Kopfschmuck in den unterschiedlichsten Varianten getragen. Es gibt viele verschiedene Modelle, von einfachen kupferfarbenen Stirnbändern bis zu Kopfbedeckungen im Stil der alten Pharaonen. Manchmal werden auch Gürtel um die Hüfte getragen, die oft aus einer dünnen Kordel oder einem Seidenband bestehen. Diese Gürtel sind immer symbolträchtig, was sich manchmal in der Wahl ihrer Farbe ausdrückt, doch ihre Bedeutung kann je nach dem System, mit dem gearbeitet wird, ganz verschieden sein.

Das letze Element der kleidungsmäßigen Ausstaffierung sind die Sandalen. Der Tempel ist geweiht; deshalb ist der Boden heilig und sollte nicht mit Stiefeln oder Schuhen betreten werden. Die Sandalen, die eine symbolische Farbe haben können, sind häufig ganz normale, biegsame Pantoffeln mit weichen Sohlen. Bei manchen Ritualen kommt man auch ganz ohne Sandalen aus, und alle gehen barfuß.

Die Kleidervorschriften sind je nach System und Art des Rituals ganz unterschiedlich. Doch egal, wie einfach oder kunstvoll die Kleidung auch sein mag, sie muß auf jeden Fall speziell für rituelle Zwecke gekauft oder hergestellt worden sein und darf nie für irgendwelche anderen Zwecke benutzt oder anderen Menschen außerhalb der Ritualgruppe, für die sie gedacht ist, vorgeführt werden. Es gibt gut fundierte psychologische und magische Gründe für diese Vorsichtsmaßnahme.

Düfte

Düfte spielen beim Ritual eine wichtige Rolle. Sagt doch der Dichter, Düfte hätten eine weitaus tiefere Wirkung als Anblicke und Klänge. Die traditionelle Überlieferung gibt uns ein ganzes Alphabet an Entsprechungen zwischen den vielen Kräften und Faktoren der Manifestation und wohlriechenden Harzen und Ölen an die Hand, die bei den Ritualen zum Einsatz kommen. Vom kabbalistischen Standpunkt aus wird jeder Sephirah und jedem Pfad im Baum des Lebens ein Duft zugeordnet. Viele dieser Entsprechungen sind unwiderlegbar, doch manche sind auch etwas zweifelhaft und scheinen aus äußerst fadenscheinigen Gründen gewählt worden zu sein. Das Thema ist deshalb etwas heikel, und die vielen Okkultisten, die einen größeren Kult um die Entsprechungen und Symboltabellen machen als um die Wirklichkeiten selbst, die diese eigentlich versinnbildlichen sollen, vereinfachen die Sache auch nicht gerade.

Anfänger tun gut daran, sich am besten gar nicht um diesen Streit zu kümmern, sondern sich lieber aus den empfohlenen Harzen und Ölen den Duft auszusuchen, der für sie wirklich die Kraft oder den Faktor verkörpert, mit dem sie arbeiten möchten. Wurde beispielsweise ein bestimmter Duft für die Arbeit mit Netzach ausgewählt, dann sollte er immer für diese Sphäre und keine andere benutzt werden. Auf diese Weise kann die ganze heraufbeschwörende Macht des Duftes voll genutzt werden. Wird der Duft wahrgenommen, dann assoziiert der Verstand damit alle Gefühle, Erfahrungen und Empfindungen, die sich durch frühere Kontakte mit der Sphäre inzwischen angesammelt haben. Die Stimmung wird dadurch zweifellos auf das, was man vorhat, eingestellt.

Manchmal werden Räucherstäbchen und Weihrauch auch noch zu einem anderen Zweck eingesetzt. Der Rauch, der beim Verbrennen der Harze und Öle entsteht, wird gelegentlich auch dazu genutzt, um Material für die Manifestation einer Kraft zur Verfügung zu stellen, für die bereits eine mentale Form geschaffen wurde und ätherische Substanz vorhanden ist, um die Form einzuhüllen. Der wohlriechende Rauch dient zur Bereitstellung einer leicht formbaren physischen Hülle, die für die Zwecke des Ritus vorübergehend benutzt wird. Diese Art der rituellen Verwendung von Weihrauch ist jedoch nur selten nötig.

Das menschliche Element

Und zwischen den ganzen rituellen Gegenständen bewegen sich die Menschen, die wichtigsten zeremoniellen Instrumente überhaupt. Der Hauptzweck der Ritualgegenstände und anderer Hilfen besteht darin, die Konzentration zu erleichtern und bei der Gruppenarbeit Brennpunkte zu schaffen, auf die sich die gemeinsame Konzentration richten kann. Für die Einzelarbeit sind sie nicht im selben Maße notwendig, und ein erfahrener Ritualist kommt ohne die meisten davon aus. Doch für jeden, der Erfahrung in dieser Art von Arbeit sammeln möchte, kann eine sorgfältige Auswahl und intelligente Verwendung von rituellen Symbolen von großem Wert sein.

Das ganze rituelle Instrumentarium nutzt jedoch wenig, wenn das menschliche Element unzulänglich ist. Es ist die Aufgabe der Ritualleiter, mit den Kräften auf den inneren Ebenen Kontakt aufzunehmen, sie zu channeln und zu steuern. Damit dies zufriedenstellend vor sich gehen kann, muß eine Kette von Symbolen aufgebaut und nach der bereits beschriebenen Methode benutzt werden. Die Schüler können nur bis zu einem gewissen Grad in zeremonieller Arbeit ausgebildet werden und nicht weiter. Es kann ihnen beigebracht werden, wie sie die erforderlichen Formen aufbauen und erhalten können, denn das ist alles, worin das Ritual in Wirklichkeit besteht – im Aufbau und der Erhaltung von Formen. Doch der beste Autodesigner der Welt kann nicht mehr tun, als die statische Perfektion seiner Schöpfung zu bewundern, solange es keinen Kraftstoff gibt, mit dem das Auto gefahren werden kann. Leben ist der Kraftstoff des Rituals. Ohne die Fähigkeit, Lebenskraft auf der erforderlichen Ebene anzusprechen, befinden sich Ritualisten in derselben Lage. Eigentlich sind sie noch schlechter dran, denn ohne die inspirierende Kraft fangen auch ihre Formen an, ins Wanken zu geraten und lösen sich auf wie frühe Morgennebel.

Diese Fähigkeit, mit der essentiellen Kraft des Lebens Kontakt aufzunehmen, hängt allerdings von zwei Dingen ab: evolutionäre Erfahrung und Ausbildung zum einen und Freiheit von psychischen Blockaden zum anderen. Mit etwas gutem

Willen, Ehrlichkeit und der Bereitschaft, sich mit sich selbst auseinanderzusetzen, kann das zweite Hindernis, zumindest bis zu einem gewissen Grad, ausgeräumt werden. Doch die erste Voraussetzung – die innere Entwicklung – ist ein Gradmesser für den Zustand Ihres höheren Selbst, dem Vehikel der bisher vollzogenen Evolution. Eine okkulte Ausbildung kann Ihnen bei Ihrer Entfaltung bis zur gegenwärtigen Grenze Ihrer Fähigkeiten helfen; sie kann Ihnen die Richtung weisen, in die Sie gehen müssen und Ihnen helfen, diesen Weg zu beschreiten, doch sie kann aus einem Kieselstein keinen Diamanten schleifen, so gerne der Kieselstein das auch hätte oder so schön er in der Sonne auch glitzern mag.

Doch bereits mit der Ausbildung einer bescheidenen Fähigkeit, mit dem einen Leben auf irgendeiner Ebene in Kontakt zu treten, und einer gesunden, nicht abergläubischen Einstellung gegenüber Symbolen kann viel erreicht werden. Der wichtigste Punkt dabei ist ein klares Verständnis der Rolle des Menschen. Sie selbst sind der wunderbarste Gegenstand des Rituals. Sie sind ein ganzer Tempel voll mit rituellem Instrumentarium und Symbolen, die alle zu einem einzigen großen Transformator zusammengefaßt sind, der mit dem Leben selbst verbunden ist. Die zeremonielle Ausbildung ist das Handwerk, mit dem uns der Umgang mit diesem wunderbaren Werkzeug beigebracht wird.

Klare Gedanken und starke, frei fließende Gefühle sind deshalb unerläßlich, wenn die Zeremonie erfolgreich sein soll, aber genauso wichtig ist Ihr körperlicher Zustand und die Art und Weise, wie Sie mit Ihrem Körper umgehen. Ihr Körper sollte zum Beispiel gesund, stark und so trainiert sein, daß er auf vernünftige Beanspruchung nicht übertrieben reagiert. Wenn Sie entspannt auf einem Stuhl sitzen, sollte Ihr Rücken gerade sein, Ihre Kopfhaltung aufrecht, ihre Hände sollten ruhig sein und ihr Körper entspannt, aber energiegeladen. Das ist für manche ganz einfach, doch überraschend schwer für viele andere. Ihre Bewegungen sollten *zielgerichtet*, geschmeidig und ohne Hast sein. Ihre Sprache sollte zum einen klar und deutlich, zum anderen abwechslungsreich sein, und Ihre Aussagen sollten der Wahrheit entsprechen. Doch das Wichtigste von allem ist, daß Sie immer vollständig in der Gegenwart bleiben, während Sie mit Ihren Äußerungen und Bewegungen starke Kräfte und uralte Wahrheiten zum Ausdruck bringen. Sie dürfen nie aus den Augen verlieren, was Sie sind, wo Sie sind, und was Sie gerade tun, *jetzt*, in diesem Augenblick.

Zwölftes Kapitel
Die wichtigsten rituellen Übungen

Das Ziel der praktischen Ritualarbeit ist es, Ihnen beizubringen, wie Sie Ihre verschiedenen Ebenen koordinieren können. Sehr viel kann sicherlich bereits durch die richtige Ausführung der Übungen erreicht werden, die wir im folgenden beschreiben wollen; doch der einzige Weg, um ein wirklich kompetenter Ritualist zu werden, führt über die Arbeit mit dem Ritual, und das heißt letztendlich eine Ausbildung in einer bestehenden Ritualgruppe zu machen und dort Erfahrungen zu sammeln. Was diese Übungen Sie aber *tatsächlich* lehren, sind die Grundelemente, aus denen sich eine Zeremonie aufbaut. Als solches ist das Praktizieren dieser Übungen von unschätzbarem Wert.

Um sich selbst und der rituellen Arbeit gerecht werden zu können, sollten folgende Bedingungen erfüllt sein: Ihre Kleidung sollte locker und bequem sein, als Schuhe sollten Sie irgendwelche weichen Pantoffeln oder Hausschuhe tragen, und die Raumtemperatur sollte angenehm sein. Auf dem Boden sollte eine freie Fläche von mindestens zwei Quadratmeter oder mehr zur Verfügung stehen, das Tageslicht sollte abgedunkelt werden können, und Sie sollten für die circa fünfzehn Minuten, die die Übung dauert, absolute Ruhe haben. Der Geräuschpegel sollte so niedrig wie möglich sein, Sie können deshalb, wenn Sie wollen, für manche Übungen auch Ohrpfropfen verwenden.

Erste Übung

Für diese Übung brauchen Sie einen Stuhl mit einer geraden Lehne – möglichst hart – und, wenn Sie wollen, Ohrpfropfen.

Die Übung kann bei normalem Tageslicht oder künstlichem Licht durchgeführt werden.

Zuerst müssen Sie eine einfache Form von Atemrhythmus üben, den sogenannten Vierer-Atem. Das ist keine Yoga-Übung, nur eine einfache Methode zum Wohlfühlen, Entspannen und Ruhigwerden. Atmen Sie ruhig ein, und zählen Sie dabei langsam auf vier, entspannen Sie sich und lassen Sie die Luft einen Moment in der Lunge, während Sie auf zwei zählen. Atmen Sie dann ruhig aus, und zählen Sie dabei wieder auf vier; entspannen Sie sich am Ende mit leeren Lungen und zählen Sie dabei wieder auf zwei. Atmen Sie wieder ein, und zählen Sie dabei bis vier und so weiter. Finden Sie Ihren eigenen Rhythmus, der Ihnen am angenehmsten ist, und überanstrengen Sie sich nie. Wenn Sie sich zu irgendeinem Zeitpunkt während des Atemzyklus unwohl fühlen, machen Sie irgend etwas falsch; wahrscheinlich zählen Sie zu langsam. Versuchen Sie, schneller zu zählen. Machen Sie die Übung solange, bis Sie sich ganz wohl dabei fühlen und das Atmen automatisch wird.

Stellen Sie nun Ihren Stuhl möglichst mit der Lehne zur Lichtquelle. Stellen Sie sich mit aufrechtem, aber gleichzeitig entspanntem Rücken zum Stuhl. Stellen Sie sich nun eine Stimme vor, die von vorne zu Ihnen spricht und Sie anweist, sich zu setzen. Setzen Sie sich dann mit einer einzigen geschmeidigen Bewegung auf den Stuhl, und konzentrieren Sie dabei Ihre ganze Aufmerksamkeit auf das, was Sie gerade tun. Legen Sie Ihre Hände mit den Handflächen nach unten auf Ihre Schenkel. Blicken Sie gerade nach vorne, und atmen Sie regelmäßig im Viererrhythmus, den wir oben beschrieben haben. Seien Sie dabei ganz still und regungslos, und versuchen Sie, innerlich ganz ruhig zu werden. Wiederholen Sie die Übung solange, bis Sie denken, daß Sie sie gut beherrschen und es Ihnen nichts ausmachen würde, sie einer anderen Person vorzuführen.

Zweite Übung

Stellen Sie zuerst Ihren Stuhl mit der Lehne zur Lichtquelle. Stellen Sie sich dann mit dem Rücken, aber im Abstand von sechs Schritten, vor den Stuhl. Sie vernehmen wieder den imaginären Befehl und üben jetzt, rückwärts zu gehen und sich wie vorher auf den Stuhl zu setzen. Wichtig dabei ist, daß Sie den Kopf hochhalten, mit gleichmäßigen Schritten rückwärts gehen und nicht der Versuchung nachgeben, nach hinten zu schauen. Versuchen Sie auch dieses Mal wieder, die Bewegung so geschmeidig und kontinuierlich wie möglich auszuführen. Werden Sie dann ganz ruhig, und atmen Sie in dem gewohnten Viererrhythmus.

Dritte Übung

Zur letzten Version dieser Grundübung müssen wir die Dienste eines Besenstiels in Anspruch nehmen (mit oder ohne Besen). Stellen Sie sich wie in der zweiten Übung sechs Schritte vor den Stuhl. Halten Sie den Besenstiel vor sich mit beiden Händen, als handele es sich um ein Schwert mit der Spitze nach oben. Gehen Sie nun rückwärts zu dem Stuhl, und halten Sie dabei das *Schwert* ganz senkrecht vor sich hin. Halten Sie einen kurzen Moment inne, und stellen Sie sich in Gedanken eine andere Person neben sich vor, die ihr Schwert genauso hält. Wenn sich die imaginäre Person hinsetzt, setzen Sie sich gleichzeitig mit ihr. Wenn Sie auf dem Stuhl sitzen, lassen Sie das Bild langsam verblassen und halten weiterhin Ihre Waffe mit der Spitze nach oben und möglichst regungslos vor sich. Der Griff des Schwertes sollte unten von der einen Hand gehalten werden, die auf Ihrem Schoß liegt. Die andere Hand kann das *Schwert* stabilisieren, indem sie es weiter oben am Griff hält. Werden Sie ganz ruhig, und atmen Sie wie zuvor. Versuchen Sie, mehrere Minuten lang in dieser Haltung zu bleiben. Eine Uhr oder ein Küchenwecker ist bei dieser Übung nützlich.

Vierte Übung

Malen Sie für diese Übung mit Kreide einen Kreis auf den Boden (Kreide kann man auch aus Teppichen leicht wieder ausbürsten). Der Durchmesser des Kreises sollte so groß wie möglich sein. Stellen Sie sich nun mit dem Gesicht zur Lichtquelle auf die Linie und halten Sie dabei Ihre Hände wie zum Gebet vor sich. Stellen Sie sich eine Stimme vor, die Sie anweist loszugehen. Sobald Sie sie gehört haben, drehen Sie sich um und beginnen, im Uhrzeigersinn mit gleichmäßigen Schritten um den Kreis herumzulaufen, wobei Sie bei jedem Schritt gleichzeitig atmen. Gehen Sie viermal im Uhrzeigersinn um den Kreis, bleiben Sie dann stehen, und drehen Sie sich mit dem Gesicht zur Mitte des Kreises.

Eine Variation dieser Übung besteht darin, die Hände vor der Brust zu verschränken, wie man dies zur Aufbahrung von Toten macht, und ansonsten gleich vorzugehen wie vorher. Der Trick besteht in der Abstimmung der gleichmäßigen Schritte auf den Atem. Am Anfang kann es vorkommen, daß Sie aus dem Gleichgewicht geraten.

Eine andere gute Übung, die ebenfalls auf dem Herumlaufen um den Kreis beruht, besteht darin, auf gut Glück einen Satz aus einem Buch oder einer Zeitung herauszugreifen und diesen im Rhythmus mit den Schritten zu rezitieren. Der Satz sollte so kurz sein, daß er während der Übung des viermaligen Umkreisens mehrmals wiederholt werden kann. Die Worte sollten leise, aber deutlich mit rhythmischer Kadenz gesprochen werden. Die Hände sollten dabei wie zuvor vor der Brust verschränkt sein.

Die Endvariante der Kreisübung sieht folgendermaßen aus: Füllen Sie ein Weinglas zur Hälfte mit Wasser und halten Sie es mit dem Daumen und Zeigefinger beider Hände auf Augenhöhe vor sich. Die anderen Finger sollten geschlossen sein und nach unten weisen. Gehen Sie wieder viermal im Uhrzeigersinn um den Kreis herum, und halten Sie dabei Ihre Augen auf das Glas gerichtet. Nach Vollendung des letzten Kreises drehen Sie sich nach innen und heben das Glas so hoch Sie ohne größere Anstrengung können, halten es so einen Augenblick ruhig und senken es dann wieder.

Fünfte Übung

Ihre Hände sind Ihr schönstes magisches Werkzeug. Sie können zum Heilen und zum Segnen benutzt werden oder um den Fluß einer Kraft zu lenken. Sofern Ihre Hände bei Ihrer täglichen Arbeit nicht ständig bewegt werden, würden Sie gut daran tun, Übungen zu finden, die sie geschmeidig machen und ihre Muskeln stärken. Bei dieser Übung werden zwei Handpositionen verwendet, die flache Hand und die hohle Hand. Außerdem braucht man dazu ein halb mit Wasser gefülltes Weinglas und eine Kerze. Das Tageslicht sollte so weit wie möglich ausgeschlossen werden.

Ziehen Sie wieder Ihren Kreis wie zuvor. Zünden Sie die Kerze an, und stellen Sie sie in Sichtweite, aber außerhalb des Kreises. Es ist nicht wichtig, wo Sie die Kerze aufstellen, solange sie außerhalb des Kreises ist. Sie benutzen Sie nur als sanftes Licht, nicht als rituellen Gegenstand. Stellen Sie das halb mit Wasser gefüllte Weinglas auf einen Hocker oder Stuhl in die Mitte des Kreises. Stellen Sie sich mit dem Gesicht zum Stuhl in den Kreis und wenden Sie sich gleichzeitg der Lichtquelle zu. Heben Sie Ihren linken Arm senkrecht in die Höhe, so daß er in einer Linie mit Ihrem Körper nach oben zeigt. Biegen sie Ihre Hand vom Handgelenk aus nach hinten, und versuchen Sie, mit geschlossenen Fingern eine hohle Hand zu bilden. Legen Sie Ihre rechte Hand mit geschlossenen Fingern und der Handfläche nach unten flach auf das Glas. Ihre Beine sollten leicht gespreizt sein, damit Sie das Gleichgewicht besser halten können. Atmen Sie regelmäßig und ziemlich tief im Viererrhythmus durch. Stellen Sie sich nun vor, die Lebenskraft (oder wie auch immer Sie sie nennen wollen) würde sich in der Luft über Ihrer hohlen linken Hand in einem goldenen

Nebel verdichten. Beobachten Sie, wie sie sich langsam als eine lebensprühende, funkelnde Flüssigkeit in Ihrer aufgehaltenen Hand sammelt. Lassen Sie sie in Ihrem linken Arm nach unten, über Ihre Brust hinweg in Ihren rechten Arm und bis in Ihre Handfläche strömen. Aus der Handfläche ergießt sie sich nun in einem kraftvollen goldenen Schwall in die Flüssigkeit des Glases. Die Flüssigkeit scheint unter dem plötzlichen Einströmen dieser Energie aufzublubbern. Lassen Sie diese Wirkung nach einer kleinen Weile langsam verklingen. Lassen Sie Ihre Hände sinken, bis sie sich neben Ihrem Körper befinden. Halten Sie einen Moment inne; heben Sie dann das Glas wieder hoch, wie in der letzten Übung beschrieben. Betrachten Sie das Wasser im Glas und stellen Sie sich vor, es sei voller funkelnder Energieteilchen. Lassen Sie das Glas wieder sinken, und stellen Sie es zurück auf den Stuhl. Halten Sie eine Weile inne, verlassen Sie dann den Kreis, und löschen Sie die Kerze.

In dieser Übung werden die Kräfte der visuellen Vorstellung mit rituellen Gesten verbunden. Eine Übung wie diese verlangt schon ziemlich viel Erfahrung, bevor sie mühelos und sicher ausgeführt werden kann. Die praktische Zeremonie setzt sich aus vielen solchen Handlungsabläufen zusammen, deshalb lohnt es sich, dieser Art von Drill etwas Aufmerksamkeit zu widmen.

Sechste Übung

Bei dieser Übung wird Ihre Hand als Zeige-, Konzentrations- und Lenkungsinstrument benutzt. Rücken Sie einen Stuhl mit den Vorderbeinen auf die eine Seite des Kreises und stellen Sie eine angezündete Kerze darauf. Stellen Sie nun einen anderen Stuhl auf die gegenüberliegende Seite des Kreises, und legen Sie irgendeinen kleinen Gegenstand, zum Beispiel ein Schmuckstück, darauf. Dunkeln Sie den Raum so gut wie möglich gegen Tageslicht ab, und nehmen Sie Ihren Platz in der Mitte des Kreises mit dem Rücken zu der Kerze ein. Bleiben Sie eine Weile mit herabhängenden Armen stehen, und atmen Sie im Vierertakt. Versuchen Sie sich dabei vorzustellen, das Licht der Kerze dränge in Ihren Rücken ein und sammle sich unter zunehmendem Druck im Bereich Ihrer rechten Schulter. Heben Sie nun langsam Ihren rechten Arm, und zeigen Sie mit ausgestrecktem Arm geradeaus auf den Gegenstand, der auf dem Stuhl auf der anderen Seite des Kreises liegt. Der Zeige- und Mittelfinger sollten dabei gestreckt sein und als Zeigeinstrument fungieren, während die anderen Finger zur Handfläche hin gekrümmt sind und vom Daumen gehalten werden. Stellen Sie sich nun vor, wie die in Ihrer Schulter angestaute Energie plötzlich freigesetzt wird und mit großer Kraft Ihren ausgestreckten rechten Arm entlang in Ihre nach vorne zeigenden Finger strömt und von dort in Form eines intensiven Lichtstrahls zu dem Gegenstand auf der anderen Seite des Kreises hinfließt. Wiederholen Sie diese Übung mehrmals, und entspannen Sie dazwischen mit der Atemübung.

Kommunikationsübung

Ein gelungenes Leben ist hauptsächlich eine Frage gelungener Kommunikation. Okkultismus ist verdichtetes Leben, und ein Ritual sollte eigentlich perfektionierte Form veranschaulichen. Ein nach allen Regeln der Kunst vollzogenes Ritual ist auch eine Demonstration perfektionierter Kommunikation. Wählen Sie für diese Übung ein Gedicht oder ein kurzes Stück Prosa, das möglichst bewegend und bildhaft ist, und lesen Sie es mehrmals hintereinander durch, bis Sie vertraut damit sind. Es ist nicht nötig, es auswendig zu lernen. Stellen Sie zwei Stühle einander gegenüber auf den Rand des Kreises. In die Mitte des Kreises auf den Boden stellen Sie eine angezündete Kerze. Eine zweite Kerze stellen Sie so neben einen der Stühle, daß Sie genug Licht zum Lesen haben. Setzen Sie sich auf den Stuhl und atmen Sie ein paar Minuten lang ruhig im Viererrhythmus. Lassen Sie beim Atmen langsam das Bild einer Person des anderen Geschlechts entstehen, die auf dem Stuhl gegenüber sitzt. Haben Sie dieses Bild, so gut Sie können, visualisiert, fangen

Sie an, Ihren Text zu lesen. Schauen Sie sich immer einen Satz oder eine Zeile auf einmal an, richten Sie dann Ihren Blick nach vorne und tragen Sie ihn Ihrem imaginären Gegenüber vor. Versuchen Sie, in einer etwas tieferen Tonlage als normal zu sprechen. *Spüren* Sie, was Sie sagen und lassen Sie Ihre Gefühle auf den Wellen Ihrer Worte zu ihrem Bestimmungsort reiten. Probieren Sie, ob Sie sich auch eine Art Rückfluß vorstellen können. Ideal wäre es natürlich, diese Übung mit zwei Personen zu machen, die abwechselnd einen Text vortragen, doch ist dies nur selten möglich. Der Hauptzweck dieser Übung besteht darin, Sie daran zu gewöhnen, Sprache als Vehikel für Gefühle zu benutzen. Sie hilft Ihnen auch, mit den Methoden der Polarität im Ritual vertraut zu werden. Der Erfolg hängt von natürlicher Begabung und viel entspanntem Üben ab.

Die Säulenübung

Bei dieser Übung werden Bewegungen und visualisierte Vorstellungen kombiniert. Es geht dabei um die Säulen. In dieser Übung dienen die Stühle als Konzentrationsstützen für die geistigen Bilder, die durch Ihren Verstand aufgebaut werden.

Sie brauchen dazu vier Stühle (oder drei Stühle und einen kleinen Tisch) und eine Kerze. Wählen Sie ein Viertel des Zimmers aus und erklären Sie es zum Osten. Stellen Sie einen Stuhl auf die Westseite; das ist Ihr Platz. Genau in der Mitte zwischen den Stühlen wird ein Kreis mit einem Durchmesser von etwa 90 cm aufgezeichnet, dessen Mittelpunkt auf der Verbindungslinie zwischen den beiden Stühlen liegt. Stellen Sie nun die anderen beiden Stühle im rechten Winkel zu der Ost-West-Linie mit den Hinterbeinen auf der Kreislinie auf, so daß sie sich mit der Rückenlehne gegenüberstehen. Diese beiden Stühle verkörpern die beiden Säulen.

Zünden Sie nun die Kerze an, und setzen Sie sich hin. Atmen Sie etwa sechs Zyklen lang im Vierertakt, und sobald Sie sich ruhig und gelassen fühlen, lassen Sie in Ihrer Vorstellung die beiden Stühle zu den Fundamenten der beiden großen Säulen werden. Die Säule auf der rechten Seite ist weiß und die auf der linken schwarz. Sie sehen, wie sie weit emporragen; machen Sie sich eine Vorstellung von der unglaublichen Spannung, die zwischen diesen riesigen Sinnbildern universeller und persönlicher Polarität herrschen muß. Denken Sie an all die Komplementärkräfte, die in diesen Prinzipien verkörpert sind. Stellen Sie sich im Gegensatz zu ihrer Größe und Höhe den engen Raum zwischen ihnen vor. Spüren Sie ihre Kraft, und stehen Sie dabei langsam auf. Gehen Sie nun mit kurzen, gemessenen und gleichmäßigen Schritten in den Kreis hinein und zwischen den Säulen hindurch. Halten Sie nicht an, aber versuchen Sie, die Spannung zwischen ihnen als etwas Greifbares zu spüren, durch das Sie hindurchgehen. Bleiben Sie eine Weile vor dem Licht im Osten stehen, und löschen Sie dann die Kerze.

Klang und Stille

Stellen Sie eine Kerze in die Mitte eines etwa zwei Meter großen Kreises und einen Stuhl an den Rand des Kreises. Stellen Sie sich nun vor den Stuhl und setzen Sie sich, wie in der ersten Übung beschrieben, hin. Atmen Sie nach der üblichen Methode. Werden Sie so ruhig, Sie können. Horchen Sie nun in die Stille hinein. Nehmen sie keine Notitz von störenden Hintergrundgeräuschen, und konzentrieren Sie sich entspannt auf die Eigenschaft, die in der Stille zum Ausdruck kommt. Weigern Sie sich, von irgend etwas Notiz zu nehmen, das nicht dieses Wesen besitzt. Machen Sie diese Übung nicht zu lange, sondern lassen Sie sich nur genügend Zeit, um die Stille tatsächlich spüren zu können. Zuhören ist ein wichtiger Teil des Kommunikationsprozesses.

Sprechübung

Für diese Übung ist ein Kassettenrekorder ganz nützlich, aber nicht unbedingt notwendig. Setzen Sie sich auf einen Stuhl mit einer Kerze daneben, die genug Licht zum Lesen abwirft. Wählen Sie ein Gedicht oder einen schönen Prosatext. Das

Alte Testament eignet sich ganz gut, aber die Straßenverkehrs-
ordnung würde es fast genauso tun. Atmen Sie ein Weile nach
dem Viererrhythmus, und fangen Sie dann an zu lesen. Versuchen Sie, ruhig und gleichmäßig zu rezitieren und gleichzeitig so lebendig und rhythmisch, wie es der Text erlaubt.
Kontrollieren Sie Ihren Atem. Haben Sie Ihren Vortrag mit
dem Kassettenrekorder aufgenommen, so können Sie ihn jetzt
abspielen. Wenn Sie sich selbst noch nie zuvor gehört haben,
können Sie möglicherweise einen Schock bekommen – vielleicht einen angenehmen. Achten sie auf Ihre Fehler, wiederholen Sie die Übung, und versuchen Sie die Fehler zu vermeiden. Vergessen Sie nicht, während des Lesens ganz ruhig zu
bleiben.

Der Altar

Sie brauchen irgendein Möbelstück, das etwa neunzig Zentimeter hoch ist und eine flache Oberfläche hat. Eine Kommode
eignet sich dazu ganz gut. Räumen Sie sie ganz ab, und stellen
Sie etwa dreißig Zentimeter vom Rand entfernt eine Kerze auf.
Stellen Sie einen Stuhl etwa 1,20 m entfernt davon hin. Zünden Sie die Kerze an, und setzen Sie sich. Atmen Sie ein paar
Zyklen lang ruhig durch, und stellen Sie sich vor, das Möbelstück sei ein Altar mit einer heiligen Lampe darauf. Stellen Sie
sich die Lampe als den Mittelpunkt aller Dinge im Universum
und der Seele der Menschheit vor. Sehen Sie sie im Geiste als
ein großes Herz, einen riesigen Verstand, ein Kraftzentrum
oder möglichst als all diese Dinge auf einmal. Gehen Sie nun
langsam darauf zu, und bleiben Sie vor dem Licht stehen.
Legen Sie Ihre Hände nebeneinander mit den Handflächen
nach unten auf den Altar. Neigen Sie Ihren Kopf, und seien Sie
nur bewußt. Nach einer Weile löschen Sie dann die Kerze.

Das kabbalistische Kreuz

Die folgende rituelle Geste ist allgemein so bekannt, daß sie
Gefahr läuft, in ihrer Wirkung unterschätzt zu werden.

Während alle vorangegangenen Übungen auf reine Ausbildungszwecke angelegt waren, wird diese tatsächlich in der zeremoniellen Arbeit verwendet. Ein sogenanntes griechisches Kreuz (ein Kreuz, bei dem alle Balken gleich lang sind) wird sowohl materiell als auch in der Vorstellung auf die Vorderseite des Körpers gezeichnet. Aus esoterischer Sicht bestätigt es die Herrschaft Gottes oder des Geistes in allen menschlichen Körpern und im Universum.

Zeichnen Sie wieder Ihren Zwei-Meter-Kreis, und stellen Sie einen Stuhl an den Rand. Zünden Sie eine Kerze an, und stellen Sie sie auf einen anderen Stuhl auf der gegenüberliegenden Seite des Kreises. Setzen Sie sich hin, atmen Sie, und finden Sie Ihr inneres Gleichgewicht. Versuchen Sie, sich selbst als eine Wesenheit vorzustellen, deren physische Form nur die Spitze eines Wesens ist, dessen innerster Wesenskern auf Ewigkeit in der Welt unendlicher Macht, absoluter Harmonie und unvergänglicher Dauer verwurzelt ist. Fühlen Sie sich als ein Wesen, das in der Lage ist, spirituelle Macht in der Welt der Materie auszuüben. Wenn Sie soweit sind, stehen Sie auf, und bleiben Sie mit herabhängenden Armen stehen. Ihren linken Arm lassen Sie weiterhin mit geschlossenen Fingern seitlich von Ihrem Körper hängen. Ihren rechten Arm heben Sie hingegen langsam hoch, strecken dabei Ihren Zeige- und Mittelfinger nach vorne, während die anderen Fingern nach innen gebogen und vom Daumen gehalten werden. Berühren Sie Ihre Stirn und sagen Sie: »Denn Dein –.« Führen Sie Ihre Hand entlang der Mittellinie Ihres Körpers nach unten und berühren Sie Ihren Solarplexus mit den Worten: »Ist das Reich –.« Berühren Sie nun Ihre rechte Schulter und sprechen Sie: »Und die Macht –,« und nun die linke mit den Worten: »Und die Herrlichkeit –«. Verschränken Sie schließlich Ihre Finger auf Ihrer Brust und sprechen Sie: »In Ewigkeit. Amen.« Halten Sie einen Augenblick inne, lassen Sie Ihre Arme dann wieder sinken, gehen Sie rückwärts zu Ihrem Stuhl zurück, und setzen Sie sich hin.

Diese Geste des Kreuzzeichens ist ein kleines Ritual für sich selbst, und wenn sie vor und nach der Meditation verwendet wird oder in einer Zeit von beunruhigenden Ablenkungen oder Streß, kann sie Sie wirksam von äußeren Einflüssen abschirmen. Sie kann hingegen offensichtlich nichts gegen Ablenkungen und andere Einflüsse tun, die ihren Ursprung in Ihrem Innern haben. Sie sollte auch nie dazu benutzt werden, um vor dem Kontakt mit der physischen Wirklichkeit zu fliehen, außer vielleicht um eine kurze Ruhepause einzulegen. Sie sollte solange praktiziert werden, bis die Worte und Bewegungen fließend und sicher sitzen. Wenn Sie das erreicht haben, können die inneren Aspekte des Ritus hinzugefügt werden, die folgendermaßen aussehen:

Bevor Sie die erste Geste machen, stellen Sie sich eine große weiße, heiße Sonne über Ihrem Kopf vor; sehen Sie sie als Ihren Geist an. Wenn Sie Ihre Hand zu Ihren Augenbrauen hochheben, stellen Sie sich vor, wie eine Strahl intensiven Lichts von der Sonne zu Ihrer Stirn herabfließt. Führen Sie dieses Licht mit der zweiten Bewegung zu Ihrem Solarplexus hinab, von wo es in die Erde hineinströmt. Stellen Sie sich bei der Berührung Ihrer rechten Schulter vor, es gebe eine waagrechte Komponente dieser Kraft, die in Ihre Schulter von rechts, vom Unendlichen her einfließt. Führen Sie die Kraftlinie mit den entsprechenden Worten waagrecht über Ihre Brust zu Ihrer linken Schulter herüber und dann nach links ins Unendliche. Versuchen Sie in Ihren Körperbewegungen und mit Ihren Worten so sicher zu werden, daß Sie sich der inneren, visualisierten Seite des Ritus bewußt sein können. Üben Sie oft.

Ein einfaches Ritual

Zum Abschluß dieses Kapitels werden wir ein ganz einfaches Ritual abhalten, bei dem wir viele der weiter oben ausgeführten Grundtechniken anwenden können. Es ist ein Versiegelungsritual. Wie das kabbalistische Kreuz, das ebenfalls dazugehört, schafft es einen freien Raum für die rituelle Arbeit; doch in diesem Falle beschränkt sich der vorbereitete Bereich nicht auf die Aura einer einzelnen Person, sondern kann so groß wie nötig sein.

Es ist eine nützliche Übung, den Meditiationsort abends und morgens, oder zumindest einmal am Tage, mit Hilfe einer kleinen Zeremonie zu versiegeln. Neben seiner erklärten Funktion oder seinem reinen Übungswert kann dieser einfache Ritus – auch wenn er mit *hausgemachten* Requisiten ausgeführt wird – sicherlich eine Einstimmung der rituellen Gegenstände und Symbole und eine Steigerung der Lebendigkeit bewirken. Der Erfolg hängt zum Teil von der technischen Effizienz ab, aber hauptsächlich von Ihrer klaren Absicht und dem dringenden Wunsch nach *Bewegung*.

Wenn für gewöhnlich immer derselbe Raum zur Meditation benutzt wird, kann die Einrichtung vielleicht so verändert werden, daß es möglichst viel Platz gibt. Ist dies nicht möglich, dann müssen wir eben das Beste aus dem Raum machen, der zur Verfügung steht. Findigkeit und Einfallsreichtum sind wertvolle magische Eigenschaften.

Bevor die Zeremonie regelmäßig abgehalten werden kann, müssen Sie erst einmal alle materiellen Symbole beieinanderhaben. Es sind nicht viele. Normale Möbel – zum Beispiel Stühle – können verwendet werden und nach Abschluß des Ritus für diesen Tag wieder ihre gewohnten Funktionen im Haushalt erfüllen. Nur ein besonderes Symbol ist erforderlich und darf für keinen anderen Zweck eingesetzt werden: die Rituallampe. Bisher reichte ein Kerzenstummel auf einem Unterteller für unsere Übungen aus, aber da dieser Ritus täglich vollzogen werden soll, lohnt es sich, ein bißchen mehr Aufwand zu betreiben. Ein guter Ersatz für die ewige Lampe ist ein Teelicht, das Sie möglichst in eine bunte Glasschüssel oder ein Trinkglas stellen. Die Farbe muß mit der Symbolik der Zeremonie übereinstimmen. Blau könnte zum Beispiel Wasser symbolisieren – die *Wasser des Geistes* – oder das Gewand der Großen Mutter. Das ist eine Frage des individuellen Geschmacks. Zum gegenwärtigen Zeitpunkt sollten keine anderen Farben verwendet werden.

Die Vorbereitungen für den Ritus sind sehr einfach, sollten jedoch sorgfältig einstudiert werden, damit sie mühelos und schnell vollzogen werden können. Versuchen Sie zuerst, die größtmögliche Fläche für das Ritual bereitzustellen. Wählen

Sie dann eine Seite aus, und bezeichnen Sie sie als Osten; wenn sie mit dem tatsächlichen Osten übereinstimmt, um so besser. Nun zu der Ausstattung: ein Stuhl dient als Thron und wird auf der Ostseite mit Blick auf den Westen aufgestellt. Auf gleicher Höhe seitlich vom Thron befinden sich die beiden Säulen – diese können wiederum durch zwei Stühle dargestellt werden, die mit den Lehnen zueinander rechts und links vom Thron aufgestellt werden. Der Stuhl auf der Südseite (also links vom Thron) verkörpert die weiße Säule und der auf der Nordseite (also rechts vom Thron) die schwarze Säule. Die beiden Säulen sollten eng beieinander stehen und den Thron fast berühren, so daß Sie beim Hinsitzen, zumindest in der Vorstellung, von zwei riesigen Säulen flankiert werden. Stellen Sie auf halber Strecke der Ost-West-Linie einen kleinen Tisch oder, falls dies nicht möglich ist, einen Stuhl auf. Darauf kommt dann Ihre Lampe. Markieren Sie dann irgendwie den Süden, Westen und Norden Ihres Ritualraumes, so daß ein griechisches Kreuz entstehen würde, wenn der Osten mit dem Westen und der Norden mit dem Süden verbunden würde. Bevor Sie anfangen, sollte die Lampe angezündet und in der Nähe des Thrones plaziert werden.

Sind Sie bereit, dann begeben Sie sich an den westlichen Punkt, blicken mit gefalteten Händen nach Osten. Konzentrieren Sie sich völlig auf das erfolgreiche Erreichen des Ritualziels – das Versiegeln des Bereiches; tun Sie dies auf die Art, die Ihnen am geeignetsten erscheint. Begeben Sie sich dann im Uhrzeigersinn zu dem Thron im Osten, und setzen Sie sich hin. Atmen Sie eine Weile im Viererrhythmus, werden Sie ausgeglichen, und konzentrieren Sie sich auf Ihre eigenen angeborenen Fähigkeiten. Sind Sie bereit, dann stehen Sie auf, nehmen die Lampe, drehen sich mit dem Gesicht zum Thron (nach Osten) und heben die Lampe langsam bis zum Ort, an dem die spirituelle Sonne aufgeht. Sehen Sie die Lampe als Symbol und Vermittlerin der spirituellen Sonne an und umgekehrt. Mit hochgehaltener Lampe gehen Sie nun im Uhrzeigersinn über den Süden nach Westen und treten dann zu dem kleinen Tisch vor. Langsam und zielbewußt stellen Sie die Lampe darauf und bestätigen damit die Herrschaft des Sonnenlogos im Tempel.

Gehen Sie rückwärts zum Westen zurück, und begeben Sie sich dann im Uhrzeigersinn über den Norden zu Ihrem Thron, und setzen Sie sich wieder hin. Werden Sie sich der Säulen auf beiden Seiten von Ihnen bewußt, und spüren Sie ihre Kraft und ihre Bedeutung. Wenn Sie wieder bereit sind, erheben Sie sich, drehen sich mit dem Gesicht nach Osten und machen das kabbalistische Kreuz. Anschließend richten Sie Ihren rechten Arm gerade nach vorne und zeigen mit dem ausgestreckten Zeige- und Mittelfinger nach Osten; die anderen Finger sollten nach innen gefaltet und vom Daumen gehalten werden. Den linken Arm lassen Sie dabei mit geraden, geschlossenen Fingern nach unten hängen. Halten Sie einen Augenblick inne, stellen Sie sich vor, Sie seien ein Zentrum der Zielbewußtheit und der Kraft, und beschreiben Sie dann mit der Hand in der Luft ein Kreuz. Ihr Arm und Ihre Finger sollten dabei vollkommen gestreckt sein, und das Kreuzzeichen sollte folgendermaßen gemacht werden: zuerst die senkrechte Linie von oben nach unten, und dann in derselben Länge die waagrechte Linie von links nach rechts. Ihren Arm sollten Sie danach wieder auf der waagrechten Linie von rechts zur Mitte führen. Während des ganzen Vorgangs sollten Sie sich das Kreuz in Form eines strahlenden weißen Lichts vorstellen. Sprechen Sie nun langsam und bedeutungsvoll: »Ich versiegele den Osten.« Halten Sie Ihren Arm weiterhin ausgestreckt vor sich, und gehen Sie nun langsam nach Süden, machen Sie wieder das Kreuz, bevor Sie sagen: »Ich versiegele den Süden.« Gehen Sie dann weiter in Richtung Westen, wiederholen Sie das Ganze und sprechen Sie: »Ich versiegele den Westen.« Begeben Sie sich daraufhin zum Norden und wiederholen Sie das Kreuzeszeichen mit den Worten: »Ich versiegele den Norden.« Vollenden Sie nun den Kreis zum Osten hin. Damit haben Sie die vier Kreuze durch einen Kreis aus demselben intensiven weißen Licht verbunden. Lassen Sie nun Ihren Arm sinken, halten Sie einen Moment lang inne, und machen Sie sich den Lichtkreis um den ganzen Bereich und die vier großen Siegel, die Sie angebracht haben, noch stärker bewußt. Wiederholen Sie noch einmal das kabbalistische Kreuz, und setzen Sie sich dann wieder auf Ihren Thron. Jetzt kann jede Art von Meditation, Ritual oder Zeremonie abgehalten werden. Nach Abschluß der Session sollte das Versiegelungsritual noch einmal genauso nachvollzogen werden.

Obwohl dieser Ritus zuerst kompliziert und zeitaufwendig erscheinen mag (»Wie soll ich nach dem Ganzen noch Zeit zum Meditieren haben?«), wird aus dem bißchen Üben, das zur Aneignung einer Fertigkeit nötig ist, schon sehr bald eine flüssige, wirkungsvolle und schnelle Zeremonie von höchstem Wert geworden sein. Nach der abschließenden Versiegelung am Ende der Meditation oder des Rituals sollten Sie sich nach Osten wenden, die Lampe kurz in diese Richtung halten und sich im Stillen oder laut für den Erfolg der Zeremonie bedanken. Danach löschen Sie die Lampe und verlassen den Kreis.

Nach der Session müssen die Möbel wieder so hingestellt werden wie zuvor. Sie können nun ihren alltäglichen Zweck wieder erfüllen, nur die Lampe sollte in ein sauberes Tuch eingeschlagen und irgendwo aufbewahrt werden, wo kein Licht hinkommt. Es sollte erwähnt werden, daß ein erfahrener Ritualleiter durch diesen Ritus spürbare ätherische Spannungsfelder erzeugen kann. Aus diesem Grunde ist es ratsam, die Möbel bei jeder Ritualsession an denselben Platz zu stellen.

Es sollte außerdem noch darauf hingewiesen werden, daß diese Übungen zwar die Grundkomponenten eines Rituals darstellen, aber in keinster Weise selbst besondere Kräfte verkörpern. Diese sind vom Ritualleiter abhängig.

Nachwort

Weshalb, wozu und wohin?

Weshalb haben Sie dieses Buch gelesen? Was ist der springende Punkt bei dem Ganzen? Wohin gehen Sie jetzt? Der springende Punkt bei dem Ganzen ist die Erneuerung Ihrer selbst, Ihrer Gemeinschaft, Ihres Volkes und Ihres Planeten, die Erfüllung des Planes also. Und was ist der große Plan anderes als die Summe der Erfüllung jedes individuellen Planes? Ihre Anstrengungen, Kämpfe und Triumphe stellen also alle einen Teil des Ganzen dar und sind deshalb von höchstem Wert.

Das Erkennen seines Schicksals macht einen Menschen nicht nur glücklicher, nützlicher und erfüllter, sondern läßt auch ein Gefühl des inneren Friedens in uns entstehen – nicht Stagnation, sondern ein harmonisches Gleichgewicht. Und wird der Pfad des Schicksals bis zum Ende beschritten, kann dadurch Friede, Fortschritt und eine Zivilisation auf unserem Planeten entstehen, wie wir sie uns in unserem jetzigen unzivilisierten Zustand nicht einmal in unseren kühnsten Träumen vorstellen können. Wirklich ein hochgestecktes Ziel, aber ein wahres.

Doch der Weg vom Karma zum Schicksal gleicht einem Minenfeld. Der konkrete Verstand ist klug und erfindungsreich, wenn es darum geht, den Status quo zu wahren. Denken Sie immer daran, daß der Verstand ein ausgezeichneter Diener, aber ein gefährlicher Meister ist, der uns zu Sklaven machen kann, wenn wir uns in seine Dienste stellen. Die Suche ist nie leicht, aber sie ist aufregend. Die inneren Welten sind zum größten Teil noch unerforschtes Gebiet und halten Freude und Überraschungen für uns bereit, aber auch Hindernisse und manchmal erschreckende Erfahrungen. Ihre Führer auf der Reise sind besser als Sie denken, wenn Sie sie nur erkennen und Ihre Hilfe in Anspruch nehmen wollten. Und die Reise wird erhellt von der Ausstrahlung Ihres eigenen Geistes, der unvergänglich und unauslöschlich ist, was immer andere Sie auch glauben machen wollen.

Jesus sagte: »Bittet, so wird euch gegeben; suchet, so werdet ihr finden; klopfet an, so wird euch aufgetan.« Doch *Sie* sind es, der bitten, suchen und anklopfen muß. Sie müssen auch die Risiken eingehen, die inneren Risiken der Verletzlichkeit, das Risiko, in den Augen der anderen als Narr dazustehen, das Risiko des Schmerzes, des Verlustes und der Ablehnung. Sie werden in dem Maße reagieren, wie Ihr Karma diese Bedingungen verursacht hat, nicht mehr und nicht weniger. Doch die Belohnungen, das Glück, der Friede und die reine Freude der Wiederentdeckung sind unermeßlich und warten nur darauf, von uns gepflückt zu werden. Seien Sie deshalb niemals verzagt.

Wir haben in diesem Buch in kurzen Zügen das System der Kabbala und ihrer Symbolik und Rituale umrissen. Ich hoffe, Sie fanden das Ganze interessant und nützlich. Doch Wissen ist nur in dem Maße von Wert, als es zur Verbesserung des Lebens aller Beteiligten genutzt werden kann.

Die Kabbala ist ein anspruchsvolles und komplexes System. Doch sie kann auch zu einer ausgezeichneten *Schatztruhe* für den täglichen Gebrauch für Sie werden. Allerdings ist sie nur in soweit wertvoll, als sie auch *benutzt* werden kann. Wie jeder einzelne das System benutzt, ist einzigartig für dieses Wesen. Erinnern Sie sich stets daran, daß Symbole, Rituale und Worte nur äußere Formen darstellen, die Sie, als wichtiges spirituelles Wesen, zum Ausdruck für Ihre eigenen Kräfte *benutzen*, um ein vollkommeneres Wesen zu werden, ein produktiveres Leben zu führen und zum spirituellen Erbe dieses Planeten beizutragen.

Sollten Sie irgendwelche Fragen zu diesem Buch haben, wenden Sie sich bitte über den Verlag an mich.

Das neue *esotera-Taschenbuch*
im Verlag Hermann Bauer

Ngakpa Chōgyam
Der fünffarbige Regenbogen
Energiearbeit mit der Farb- und Elementsymbolik
des tibetischen Tantra
2. Aufl.; 208 S.; kart.; ISBN 3-7626-0641-2

Allan Kardec
Das Buch der Geister
Grundsätze der spiritistischen Lehre
5. Aufl.; 306 S.; kart.; ISBN 3-7626-0632-3

Hans Sterneder
Der Wunderapostel
Ein Einweihungsroman
5. Aufl.; 480 S.; kart.; ISBN 3-7626-0609-9

Masaharu Taniguchi
Die geistige Heilkraft in uns
Wesen, Grundsätze und Erfolge des geistigen Heilens
9. Aufl.; 288 S.; kart.; ISBN 3-7626-0654-4

Hans-Dieter Leuenberger
Das ist Esoterik
Einführung in esoterisches Denken
7. Aufl.; 240 S.; kart.; ISBN 3-7626-0621-8

Dr. med. Chandrasekhar G. Thakkur
Das ist Ayurveda
Die indische Heil- und Lebenskunst
5. Aufl.; 386 S.; kart.; ISBN 3-7626-0635-8

Verlag Hermann Bauer · Freiburg im Breisgau

Verlag Hermann Bauer · Freiburg im Breisgau

Hans-Dieter Leuenberger
Sieben Säulen der Esoterik
Grundwissen für Suchende

2. Auflage, 275 Seiten, gebunden. ISBN 3-7626-0373-1

In den letzten Jahren ist der Begriff Esoterik eine Bezeichnung geworden, unter der sich vieles zusammenfassen und zu einem subjektiv-persönlich gefärbten Bild verarbeiten läßt. Bereits in seinem Buch *Das ist Esoterik* hat Hans-Dieter Leuenberger meisterhaft Klarheit in dieses Begriffschaos gebracht. *Sieben Säulen der Esoterik* dient der Vertiefung und Erweiterung eso-terischer Grundkenntnisse.

Einweihung, Tradition, Menschlichkeit, Göttlichkeit, Reinkar-nation, Magie und Rosenkreuzertum sind sieben Hauptele-mente des längst nicht mehr geheimen Wissens. Heute bieten gerade die Lehren des Rosenkreuzertums beste Anhaltspunkte für jeden Menschen, der esoterische Prinzipien individuell leben will. Leuenberger schildert, wie Selbsterkenntnis zur Erfahrung des Göttlichen führt. Er liefert die entscheidenden Richtlinien, nach denen der Esoteriker Übungen und Prak-tiken auswählen sowie selbst entwickeln kann. Als Esoteriker und Theologe faßt der Autor auch ein heißes Eisen an und zeigt, wie Christentum und Esoterik miteinander zu vereinen sind.

Verlag Hermann Bauer · Freiburg im Breisgau

Verlag Hermann Bauer · Freiburg im Breisgau

Hans-Dieter Leuenberger
Schule des Tarot in drei Bänden
Band 1: Das Rad des Lebens
Ein praktischer Weg durch die großen Arkana
7. Aufl., 318 S. mit 22 s/w-Abb. und 9 Zeichn., geb.
ISBN 3-7626-0243-3

Dieser Band bietet eine eingehende Analyse der zweiundzwanzig
Großen Arkana und eine Einführung in die Sprache der Bildsymbo-
lik. Der Leser lernt Inhalt und Bedeutung der einzelnen Tarotbilder
kennen und wird systematisch in der Methodik geschult, Bildsymbole
zu entschlüsseln und zu interpretieren.

Band 2: Der Baum des Lebens
Tarot und Kabbala
5. Aufl., 400 S. mit 14 Zeichn., geb. ISBN 3-7626-0244-1

Band 2 behandelt die sechsundfünfzig Kleinen Arkana und legt dar,
in welcher Weise der Tarot als Ganzes mit der Kabbala verbunden ist.
Hier wird der Leser mit den Grundzügen des kabbalistischen Denkens
vertraut gemacht.

Band 3: Das Spiel des Lebens
Tarot als Weg praktischer Esoterik
5. Aufl., 302 Seiten mit 31 Zeichnungen, gebunden

Der dritte Band zeigt auf, wie der Leser seine erworbenen Kenntnisse
in sein persönliches Leben integrieren kann. In *Das Spiel des Lebens*
liegt der Akzent besonders auf der praktischen Anwendung des Tarot.
Der Leser erfährt, wie er mit Hilfe des Tarot die alltägliche Konfrontation mit seinen vielfältigen Lebensaufgaben und Problemen besser
und in Einklang mit der großen kosmischen Ordnung bewältigen kann.

Verlag Hermann Bauer · Freiburg im Breisgau

Verlag Hermann Bauer · Freiburg im Breisgau

Huston Smith
Eine Wahrheit, viele Wege
Die großen Religionen der Welt

2. Aufl., 470 Seiten, gebunden. ISBN 3-7626-0465-7

Eine Wahrheit, viele Wege, mit 1 500 000 verkauften Exemplaren Bestseller in den Staaten, will den interessierten Laien mit den großen spirituellen Traditionen der Menschheit vertraut machen und zeigen, wie diese Weisheitslehren in das menschliche Leben hineinwirken. Ungemein lebendig und direkt wird hier die zugrunde liegende Einheit, die gemeinsame kosmische Quelle aller Religionen sichtbar gemacht.

Erklärte Absicht des Autors: nicht trockene Daten und Fakten zu vermitteln, sondern Verständnis, Einführung, Wissen zu mehren und Toleranz zu wecken für die Vielfalt der Wege, denn »alle Wege führen zum Gipfel«.